JN139110

ラクして片づけ

心地よく暮らす

ミニマリスト＆
ライフオーガナイザー
クラタマキコ

カバー・本文イラスト……村山尚子

この本では「暮らしを変える」
ちょっとした方法について書きました。
どれからやっても、少しづつやれば変わる！
ラクして心地よく暮らすための本です。

はじめに

——あなたの暮らしが劇的に変わる本

この本を手に取って下さったあなたは、きっと毎日くたくた、どうやってラクに過ごせるか、悩んでいることでしょう。

大丈夫、この本で、あなたの悩みは解消されます！
ちょっとしたお片づけのやり方を知るだけで、
あなたのそんな毎日がゆとりのある日常に劇的に変わっていくのです。

わたしは、いつもは会社員として働いています。
毎日、バタバタしていて時間がありません。
同じように片づけに時間をかけられる人はそれほど多くないはず。

・共稼ぎで仕事も家庭でもいそがしい人。
・子供の世話や仕事でクタクタな人。
・学業や、やることで片づけに手がまわらない人。
・こまごました人間関係に翻弄されている人。

「忙しい」「時間がない」を理由に片づけまで気が回らないこともあるでしょう。
最初はそんなつもりはなかったけれど、どんどん気づけば後回しなんてことも。

あなたもそんな毎日を過ごしていませんか。

じつは…以前のわたしもそうでした。

ひとり暮らしの頃から「趣味がお片づけ」と恥ずかしげもなく言えるほど夢中になってお片づけをしていましたが、どこかいまあるモノをきれいに収めること、見た目だけ整えることが中心でした。

つまり、そのときは、「なんちゃってお片づけマニア」だったのです。だから「見た目」はきれいだけれど、毎日クタクタ。

そんなわたしが、お片づけに本格的に目覚め、ライフオーガナイザーという、思考と空間の整理のお片づけのプロの資格を取得するほど、お片づけマニアになりました。

そして、それまでのお片づけが、いかに見た目だけ整えることに夢中になっていたかに気づきました。

もちろん、見た目だけでもきれいになれば十分という方もいらっしゃるでしょう。けれど、いくら片づけても、暮らしが整うことはないのです。

わたしは、お片づけで思考を変え、モノの持ち方を変え、暮らしの仕組みを整えて、見た目をきれいにする以上の効果がお片づけにあると分かったのです。

そして、人にはそれぞれ管理できるモノの適量があることを知りました。

平日は半分以上を会社で過ごし、家に帰って一番過ごすのはぐっすり睡眠を取るためベッドの上。「忙しい」なんてあんまり言いたくないけれど、たくさんのモノを持っていても使いこなせないし、管理も十分に行き届くはずありません。わが家の適量とはどれくらいなのかを探すようになりました。

気づけば毎日クタクタだからこそ、持ち物をできるだけ少なくするという暮らしを追求するようになっていました。

そしてモノを減らし、考え方を変えるうちに、**掃除やお片づけは、モノの量を減らし、暮らす仕組みを変えることでどんどんラクに習慣にできると気づきました。**

こうなるとしめたものです。

元来ずぼらで面倒なことは大嫌いなわたしでしたが、「掃除も大好き！」に変わりました。**忙しいときでも、暮らしの基本となる「家」が、いつもきれいで、帰るとほっとするためには、お片づけが土台なのです。**

そうして、いま。単に管理できるだけの数にとことん減らす＝モノを持たないのではなく、家族が心地よく暮らす最良の方法に辿りつきました。モノは当然減りましたが、それとともに、心の在り方、モノの持ち方、管理の仕方、暮らし方が整い、仕組み化していきました。

どんなに忙しくても、どんなに時間がなくても、
暮らし方を変えれば、毎日快適に過ごせる。
苦手と思っていたことも、できるようになる。
いま、わたしが家に帰ると、そこにあるのは、がらんとした部屋。
この部屋こそ、わたしや家族にとって、帰るとほっとする特効空間なのです。

そう。あなたの暮らしも必ず変わっていきます。
暮らしを仕組み化すればいいのです。
あらゆる場面で、仕組み化する簡単な方法をこの本では書きました。
時間のないあなたでも、わずかな時間ですぐできることばかりです。

「毎日がラクで、心地よい暮らし」。

そんな暮らしの作り方ご紹介いたします。

CONTENTS

はじめに――あなたの暮らしが劇的に変わる本 …… 4

PART 1
クタクタな毎日が劇的に変わり出すお片づけの力 …… 15

1. 仕組みができると、毎日が整う …… 16
2. 溜めないから簡単にできる …… 18
3. 持ちすぎないと、管理もラク …… 20
4. モノの置き場を変えるだけで、家事がラクになる …… 22
5. モノ選びの基準を変えるだけで、心の負担がなくなる …… 24
6. 定位置を決めれば、散らからない …… 26
7. 置きっぱなしをやめるだけで、負のループは防げる …… 27
8. 毎日のちょこちょこ家事だから、手軽にできる …… 28
9. 自分に合ったやり方だから、ラクにできる …… 30

10. 完璧を目指さないから続く 32

PART 2
いますぐ心と時間にゆとりができるお片づけ 33

1. ゲストを招ける家を目指さなくて大丈夫 34
2. お片づけは焦らなければ、うまくいく 38
3. 無理をしようとする心に片をつける 42
4. 小さなルーティンで毎日が整う 46
5. 「今日のひとつ」と、「週1リセットタイム」をつくる 50
6. モノの置き場を暮らしに合わせよう 54
7. 「暮らしの定番」を増やそう 58
8. 「ながら掃除」を手に入れる 62
9. 家事にかかる時間を知っておく 66

CONTENTS

10. 苦手な家事は、やり方を変える …… 70
11. ちょっと面倒と思うことを見つけておく …… 74
12. ほうき、雑巾、手をいつでも使えるお供にする …… 78

PART 3
暮らしにゆとりができるお片づけ …… 83

1. 家にあるモノを「まる見え」にしよう …… 84
2. ストックを最小限にする …… 88
3. モノの定位置を決める …… 92
4. 床と机にはモノを置きっぱなしにしない …… 96
5. ひとつあればOKのモノを増やす …… 100
6. ひとつ持つことで、モノは増えていくと知っておく …… 104
7. 汚れの温床はできるだけ持たない …… 108
8. ざっくり収納も使う …… 112

9. 断る勇気を手に入れてモノを増やさない 116
10. なくしてみる 120
11. 季節のアイテム、トラベル用品を減らす 124
12. 掃除道具を減らす 128
13. 収納の余裕は、心のゆとり 132

PART 4

毎日ラクするモノ選び

137
1. 新しいモノを買うときは、何かを手放す 138
2. お手入れしやすいモノを選ぶ 142
3. 色を絞って落ち着いた部屋を手に入れる 146
4. アイロンがけから解放されるモノを選ぶ 150
5. スペースに見合うモノを持つ 154
6. モノを買わない暮らしをしてみる 158

PART 5

家に帰るとほっとする空間の作り方 …… 163

1. 玄関・靴箱 …… 166
2. 廊下・階段 …… 170
3. キッチン …… 174
4. リビング …… 182
5. 洗面所 …… 186
6. バス・トイレ …… 192
7. 寝室 …… 196
8. クローゼット・収納スペース …… 200
9. お気に入りの空間を持つ …… 204

おわりに …… 206

PART

1

クタクタな
毎日が劇的に
変わり出す
お片づけの力

1 仕組みができると、毎日が整う

掃除、洗濯、炊事、買い物と、やらなければ暮らしが成り立たない家事があります。毎日のことですから、世の中には、そんな家事を手助けするグッズや、たくさんの収納ワザ、お片づけのワザ、掃除のワザがあります。それらを使っても、結局忙しさが解消されないときがあります。それはなぜでしょうか。それは、そのたくさんのワザが、あなたの理想とする暮らし方に当てはめてみると、合っていない（仕組み化できていない）からです。

忙しい人は、いろんなワザを、暮らしに合うかどうかゆっくりと試行錯誤したりする意欲も、お片づけをする時間もなかなか取れないかもしれません。「忙しくてできない、毎日疲れてしまう」のは、あなたが決してズボラなせいでも、やる気がないわけでもないのです。ただ暮らしやすい仕組みがないだけなのです。

本書のゴールは、「毎日クタクタ、忙しいと感じている人が、毎日ラクになり、家に帰るとほっとする暮らし」を実現させることです。

まず、この本を手に取った方に、最初にやっていただきたいのは「自分がほっ

とするのはどんな暮らしか」を強く妄想すること。ゆとりのある生活を決して夢物語に思わないことです。

すぐに具体的なイメージは持てないかもしれませんが、このイメージを持とうとすることが大切です。いま後のお片づけのモチベーションにもつながります。お片づけは、自分と向き合い、選ぶ作業が発生し、考えることも多くなります。だからこそ、「お片づけ」の前に、ほっとする暮らしのイメージをはっきりさせておくと、もやもやしていた頭もすっきり整理されて、自分に合う暮らしの仕組み化が早くなります。

ここで大事なのは、想像ではなく、妄想。そんな暮らしになるかどうかなんて根拠もないけれど、とにかく「こんな暮らしだったらいいな」と、何にとらわれることもなく妄想することなのです。

妄想＝根拠もないけれど、あれこれと想像すること。

きっと誰しも妄想したことがあるはず。「家に帰って、のんびり本を読んで、あとはすぐ寝るだけだったらいいな」なんてこともあるかもしれません。

わたし自身が「毎日クタクタ」と感じていた暮らしから抜け出したいと思って日々実践していたお片づけをご紹介していますが、本当にあなた自身の暮らしに合うかどうかは、理想とする暮らしに合わせてぜひ吟味して下さい。仕組み化するときは、無理をしないことが何より大切だからです。

2 溜めないから簡単にできる

「お片づけ」の言葉の意味は、「ライフオーガナイズ」の観点でみると、本来は使ったモノを元に戻すことを指します。ですが、今回は、「物事をうまく処理する方法」と位置づけたいと思います。

例えば、こんな場面を思い浮かべてみます。

朝ご飯を食べて、出社する前のこと。ご飯を食べれば、もちろん食器を洗って元に戻す作業が発生します。

以前のわたしは、会社を行く前のこのちょっとした作業が面倒で、出勤を急ぐ日は、その食器を置いたまま出かけることがありました。そんな日、家に帰ってきたら、当然思うのは、「帰ってきてからすることが増えた」ということ。なぜ朝にやらなかったのかという、ちょっとした後悔と、がっかり感といったら。そうなることが分かっていても、目の前の忙しさに追われ、それを繰り返す日々。**「帰ってきてからも忙しい」と感じてしまうのは、家に帰ってきてから「やることがそもそも多い」パターンよりも、「やることを先延ばしにした結果、いろんなことが溜まっている状態」に忙しいと感じることが多いのです。**

つまり、先延ばしにしない仕組みづくりというのが、家に帰るとほっとする暮らしには必須条件になってきます。

3 持ちすぎないと、管理もラク

暮らしの土台となる、お片づけの基本的な進め方はこうです。

1. **モノをいまの暮らしの適量にする。**
2. **モノの置き場を決める。**
3. **置き場に合わせて収納方法を見直す。**

最初に、いまの暮らしにあるモノを適量にすることがとても大切になります。必要以上にモノを持ちすぎていると、こんな体験をしたことがあるはずです。

・食器棚の奥から、埃をかぶったモノが見つかる。
・ないと思って買ってきたら、家にあった。
・同じようなモノがあるけれど、いつも使うのはひとつ。
・毎日の服選びに迷い、時間がかかってしまった。

・収納スペースに入りきらない。
これらは、適量を越えたサインです。

「モノ」を持つことは、そのモノを管理することと切っても切り離せません。「何かを買う」という行為は、買ったモノを「管理する」と決めることと同じなのです。

けれど、これまでのわたしは、恥ずかしながらそんなことはこれっぽっちも思っていませんでした。必要以上にモノを持っていると、よっぽど器用で家庭的な人でない限り、管理は行き届かなくなります。

人は、管理できていないモノがあるだけで自信をなくします。それはモノを大切にできていない自分に気づくだけでなく、そこに必要以上にモノがあることで、暮らしの妨げになり、家事にやる気も起きず、十分にできなくなるから。そしてそれはいつしかやる気の問題だけでなく、苦手意識となってしまう。

例えば掃除。モノが多いと掃除の妨げになり、やる気が起きない。
例えば洗濯。モノが多いと洗濯をしなくても間に合ってしまい、回数も減り、汚れを溜めこんでいることに気づかない。

掃除や洗濯が苦手と思っていたけれど、それは本当に苦手なのではないのかもしれない。そう気づいて、必要以上にモノを持っていること、うまく管理できていないという問題を解決して、好きになっていったのです。

わたしは、モノを少しずつ減らして、大切にしたいと思えるモノだけが残ったら、これまでできていなかった掃除、料理、モノのお手入れなども少しずつできるようになりました。それは、簡単だから自然と「やりたい」という気持ちになり、習慣になっていったから。お片づけの土台ができれば、家事がどんどんはかどっていくのです。

モノを多く持つことは、管理を増やすこと。得策ではないのです。

4 モノの置き場を変えるだけで、家事がラクになる

何かの作業をするとき、その作業で一緒に使うモノを同じ場所にまとめて持っ

ていると仕事ははかどります。例えば、学生にとってのペンケースがいい例。勉強をするために、必要不可欠なモノがコンパクトなセットになり、持ち運びやすくなっています。

さて、暮らしに置き換えるとどうでしょうか。例えば、洗い物をするとき、洗濯をするとき、掃除をするとき、朝食をつくるとき、いろんな作業をするときに、それに付随して、どれだけの作業が発生しているでしょうか。いろんなところに点々とモノを置いたり、管理をしたりしていれば、それらを集めるだけで時間がとられてしまうのは、目に見えています。

そうならないために、同じ作業をするときに使うモノはなるべくまとめてセットにして持つ。また「ここにあると作業がしやすい」というベストな置き場を見つけることです。適当にモノの置き場を決めることをやめるだけで、「いつも何かに追われている」状態から少しずつ解放されます。

そして、とりかかるまでの動作が減るから、やる気になるのです。

5 モノ選びの基準を変えるだけで、心の負担がなくなる

以前のわたしは、見た目だけ整える暮らしをしていました。ですから、モノを持つときに、持っているとおしゃれそうに見えるだけで買うことがありました。

そのひとつが、ラグ。部屋が優しい印象になるように、ラウンド型のラグをフローリングの上に敷いていました。ある日、友人が泊まる前にラグを掃除していたときのこと。ひとり暮らしのときは、いまほど掃除魔でもなかったため、ラグには、埃や髪の毛が溜まっていました。それを見て、とても嫌な気持ちになりました。溜めていたのは自分ですけれど。

そして、いっそのこと手放してしまおうと考えました。

でも、思い立ったのが冬だったため、

「寒いから、なくしても大丈夫かな」

「部屋の印象が変わってしまうかもなあ」

いろんなデメリットが頭をよぎりました。

すぐになくさずに、とにかく一度クローゼットの中にしまい込み、ラグがない生活を試してみることにしました。

いざ、「ラグのない生活」をしてみると、ソファーがあり、テーブルも高いので、ラグに座ることはなくなっていることに気づきました。スリッパを使っているから、足元も寒くない。そして何より、ラグがないほうが、掃除が本当にラクなのでした。ラクだから、掃除がどんどん楽しくなる。

ラグにゴミを溜め込む状態がなくなって、部屋の心地よさがグンと増したのです。

買うときに、見た目だけで選ばない。暮らしにそのモノが溶け込んだときに、理想とする暮らし方や習慣、自分の性格に合っているかどうかも見極めながら買うこと。モノを持つと、何かをするときに欠かせなかったりするけれど、管理も付きものだと心得なければいけないのです。

6 定位置を決めれば、散らからない

家が散らかって見えることの原因のひとつに、モノの置き場＝定位置が決まっていないことが挙げられます。モノの置き場が決まっていないから、そのモノがいろんなところを行ったり来たりして、散らかって見えるのです。

そうならないために、どんなモノでも置き場をつくること。そして、「使ったら元に戻す」をルールにすれば、モノが散らかることはありません。

モノを置く位置（定位置）を決めることは、管理もラクにしてくれます。家族に、モノの置き場を伝えておけば聞かれなくなりますし、何かを頼むときもスムーズに運ぶようになります。消耗品であれば、モノが減ったらひと目で分かります。うっかり同じモノを買ってしまった、なんて失敗もなくなるでしょう。

そして、もし定位置を変えたら、家族にも伝えておくこと。それで、余計なイライラからも解放されます。

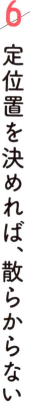

7 置きっぱなしをやめるだけで、負のループは防げる

何かの作業中に少しだけお出かけをしたり、急いでいるときにそのままにしたり、ついついやってしまう「ちょい置き」。

ちょっとした気の緩みでしてしまうのですが、疲れて帰ってきたときに、この「ちょい置き」状態に気持ちも萎えて、そのまま「置きっぱなし」の状態をキープ、なんてことにもなってしまうのが「ちょい置き」の怖さです。

ときに気が抜けることはわたしもありますが、**ちょっとした心がけがあれば、負のループは断ち切れます。モノの置き場を決めると同時に、「置きっぱなしをやめる」と決めることです。**

わが家では、「置きっぱなしにしない」のが自然な状態になってきました。

やりがちなのは、机の上だったり、床の上だったり、シンクの上だったりに置きっぱなしにすること。これをやめると決めるだけで、他のお片づけにも気持ちが自然と行くようになります。

8 毎日のちょこちょこ家事だから、手軽にできる

「できるときにまとめて」家事を進めようとすれば、ひとつの家事がどんなに小さくても、溜めてしまうと思った以上の負荷がかかります。

例えば、コンロの五徳がその良い例。一度使ったあとは、たいした汚れではなくても、それが年に一度の大掃除になってしまったらどうでしょう。こびりついた油汚れはなかなか取れにくくなり、余計な労力と時間がとられてしまう…なんてこともあります。

以前のわたしは、年に一度ということはさすがにありませんでしたが、それに近いくらい汚れを溜めることもありました。思い立ったときに掃除をするスタイルだったのですが、久しぶりのお掃除のときは、五徳の油の取れなさっぷりと言ったらありませんでした。

いまは、料理をして洗い物をしたあとに、できるだけ一緒にコンロ、シンクを拭くという作業をしています。使ったあとすぐの掃除は、こびりついて取りにくく

いということはなく、ひと拭きでさっと汚れが取れてとても簡単。まとめてやってしまうことで、その家事のハードルを上げてしまうということを実感しました。

毎日のちょっとした家事でも数が増えると、負担と感じてしまうかもしれません。**ですが、まとめて一気にやるよりも、小さな家事の手軽さと言ったら格段に上です。負担のない範囲で、小さな家事が暮らしに溶け込む仕組みづくりができれば、自然と習慣になります。**

9 自分に合ったやり方だから、ラクにできる

お片づけの基本的な進め方をもう一度思い出してみましょう。

1. モノをいまの暮らしの適量にする。
2. モノの置き場を決める。
3. 置き場に合わせて収納方法を見直す。

お片づけで、暮らしの土台ができれば、少し散らかったりしても、元に戻すだけで、部屋は簡単に整います。この土台づくりでは、いまのあなたの暮らしがいかにラクになるかで考えていいのです。「ここにあるのが一般的」「これがないと恥ずかしいかな」という常識は一度忘れてしまいましょう。この土台づくりを中途半端にしたり、常識にとらわれすぎたりすると、暮らしにくさの原因になります。

わたしも、自分がラクになるかを考えて暮らしを見直した結果、これまで続かなかったことが自然と習慣になったことがありました。それはお掃除や料理などの家事。これらの家事は、お片づけと綿密に関連しています。「あまり好きでない」「やる気が起きない」場合は、持っているモノを見直したり、モノの位置を変えたりするだけで、家事を妨げているモノ・コトを取り除いてくれるのです。「本来ここにあるべき」という常識ではなく、「ここにあったら使いやすい」と思う場所に置いてみるとうまくいくようになりました。

定位置を決めたら、あとは必ず元に戻すということをすれば、モノが散らかることはもうありません。元に戻すだけと聞いたら、そんなに難しいことではなさそうだと、やってみたくなりませんか。

じつは、わたしは、この定位置の見直しが中途半端な状態で、とにかく見た目をきれいにしたい欲求に駆られて、収納用品を増やしたことがありました。理想とするモノを買うのは、一通りの片づけが終わったあとの本当に最後にすることです。

10 完璧を目指さないから続く

毎日忙しくて、クタクタだと感じていたときは、「やらなければいけないこと」「やっておいたほうがよいこと」「溜めてしまったあんなこと」が次々に頭に浮かび、どれから手を付けていいかに悩み、結局何も終わらない…ということがありました。1日でできることには限界があると認めると、とてもラクになれました。

「毎日がラクで心地よい暮らし」を手に入れるためには、完璧を目指さないこと。

本来ひとりひとりの理想とする暮らしは、人それぞれですが、この本を手に取って下さった方は、「クタクタな毎日を抜け出して、心地よい暮らしを手に入れたい」という同じゴールに向けて、無理をせず少しずつ近づいていきましょう。

PART

2

いますぐ心と時間にゆとりができるお片づけ

1 ゲストを招ける家を目指さなくて大丈夫

point

- その家に暮らすのは、あなた自身。いつ訪れるか分からないお客様を気にしすぎなくて大丈夫。
- 「わたし」を招いたつもりでお片づけすると、心地よい空間が出来上がる。
- 家族共有のスペースは、公共の場と同じ。私物をなるべく置かないようにしよう。

わたしがひとり暮らしをしていたとき、友人がときどき泊まりに遊びに来てくれることがありました。そんなときのために、バスタオル、洗顔フォーム、サニタリーボックス、お客様用布団など、「ないと変」と思われるのがなんだか恥ずかしくって、わたしは全く使わないのに常備していました。少しずつ年齢とともに友人が泊まる機会も減ったのに、そのモノたちは部屋を占領したまま…。

ある日思い立って、特にスペースを占領していた「お客様用布団」を手放すことにしました。それをきっかけに、少しずつわたしが使わないモノたちを手放していったのです。そして、改めてその数と、占めるスペースに驚きました。暮らしの主体は「わたし」なのに、来る頻度の少ない友人がいざ来るかもしれないときのためにと取っておいたモノたちに占領されて、「クローゼットからモノが溢れる！」と嘆いていたのですから。

この話は、少し大げさですけれど、いまの暮らしは、本当に「わたし、そして家族」にとって、居心地が良くなっているでしょうか。そして、「わたし」が使っているモノがどれだけあるでしょうか。家族の誰かは使っていると思っているモノも、じつはもう使わなくなっているということもあるかもしれません。

また、いつ訪れるか分からないお客さまの目を気にしすぎて暮らすのは、本末転倒です。よく「ゲストを招ける家」が目標というのも聞きますし、ゲストを招くのが大好きな人もいるでしょう。それは悪いことでは決してありません。けれど、第一はやっぱり「わたし」であってほしい。いまの「わたし、そして家族」にとって、暮らしやすいかどうかを考えると、自然と「不要なモノ」や「ここにあったほうが使いやすい」とより心地のよい暮らし方に気づきます。

家族みんなが使う共有のスペースは、公共の場だと考えるとうまくいきます。ここには、できるだけ私物を置きっぱなしにしないこと。そうすることで、暮らしやすさはグンと格段に上がります。

気心が知れたゲストであれば、きっと「わたし」が心地よいと感じる暮らしを素敵だと感じてくれるはずです。とっておきの食器は用意せず、日頃「わたし」がお気に入りだと思っているモノでもてなしてみましょう。

ラクする check!

リビングは公共の場。わたしと家族が一番心地の良いスペースにしましょう。

2 お片づけは焦らなければ、うまくいく

point

- その場をやり過ごすために、適当にモノの置き場を決めるのはやめよう。
- 一時的なきれいを目指して、収納用品を買ってはいけない。
- **時間のある日こそ、お片づけのチャンス！**さあ、心にゆとりを持って取りかかろう。

わたしは、暮らしの土台をつくるお片づけには、ある程度時間がかかるモノだと思っています。というのも、深く考えずに、ただモノをしまうというお片づけでは、暮らしやすさは改善されないからです。

ただモノをしまうだけのお片づけではなく、暮らしやすさを考えるお片づけが、毎日クタクタな暮らしをしているあなたには必要なのです。

例えば、**適当にモノの置き場を決めるのをやめる。**

「本当はここに置きたいけれど、モノでいっぱいだから別のところへ置こう」と適当にモノの置き場を決めたことはありませんか。わたしはひとり暮らしのときに、なぜかクローゼットの上段に、たこ焼き器が入った箱を置いていました。キッチンには、ちゃんとつくり付けの収納スペースがあるというのに、もう余裕がなく、たこ焼き器をクローゼットへ避難させることにしたのです。

服やバッグなどを取り出すためクローゼットを開けるたび、このたこ焼き器の箱が目に飛び込んできました。なんだかもやもやしながらしばらく過ごしていたせいか、キッチンの収納スペースに置くために、モノを減らし、ようやくあるべきところへ収まったときの達成感は素晴らしいものでした。
このたこ焼き器は、キッチンの収納スペースに、必要以上のモノが入っていると気づかせてくれたのでした。**きれいにお片づけしてもしっくりこない原因は、置き場を適当に決めてしまったからでした。**

そしてこんなこともありました。まだ服を適量にできていなかったころ、とにかく見た目だけをきれいに収納したい衝動に駆られて、収納ボックスを増やしてしまったことがあります。確かに一時的にはきれいに収まりますが、**人というのは空間があると、どうしてもその空間を埋めたくなり、持ちすぎに気づかなくなるのです。**

時間があるときにゆっくりと、あなたの暮らしに合うモノの適量、定位置を決めていけば、お片づけはうまくいきます。**さっそくお休みの日ができたら、少しずつ進めていきましょう。**

ラクする check!

お片づけは時間のある日にやる。慌てて収納用品を買ったりしないこと。

3 無理をしようとする心に片をつける

point

- 無理をしてやっていることは、「本当にやらなければいけないことか」疑ってみよう。
- 「やらなければいけない」と思っていることは、人の手を借りるのもあり。
- 一刻も早く家事の重荷から脱け出すには、「この程度で大丈夫」のラインを決めよう。

わが家はわたしと夫の平日の基本的な生活時間が異なります。わたしは朝8時前後に家を出て、夜はまばらですがだいたい8時くらい、遅くとも夜の10時には帰宅します。一方、夫は朝9時半に家を出て、帰りは翌日になることが多いという生活。平日は生活時間があまりにも合わないので、合わないことを前提で毎日の暮らしが成り立っています。最初は、どうにか合わせようと無理をして過ごした結果、お互いに負担になったことがありました。

例えば料理。わたしは時期によって仕事のピークが異なります。無理をして早めに帰り、ご飯を作っていたときがありました。ですが、夫も同じように無理をして帰ってきていたときがあったそうです。深夜に食べることを避けたいようで、結局遅くなるときは会社で食べるほうがよい日もあるとか。また、日々の帰宅時間もその日の状況に左右されてはっきりと分からないとのこと。わたしは、直前にならないと分からない予定に振り回されて仕事を調整しながら毎日を過ごすのは性格に合わないと感じました。

それから、無理をしながら家事をすることをやめました。できる範囲のことをやることにしたのです。わたしができると思ったときにすることにしました。

わたしが「やってあげている」と感じ、無理をしている時点で、それはストレスとなり、いつか夫との喧嘩の原因にもなりかねません。できる範囲ですると決めたり、夫に任せることを少しずつ増やしたりすることで、暮らし始めたときのストレスが格段に減りました。

例えば洗濯も、夫の帰りが遅いため、本当であれば夜のうちに洗濯を済ませたいのですが、基本的には朝に洗濯をしています。「夜のうちにやれたらいいのに」と内心思いながら毎朝の洗濯担当はわたしでした。夫は朝起きるのが苦手なので、できないだろうと思っていたのです。けれど、ある朝、仕事で早く出勤したかったわたしに気づいてくれて、夫が「洗濯やるからね」と言ってくれました。それからどうしてもできないと思ったときは、夫にお願いすることにしました。

いま、家事はできるときにできる人がする、というのがわが家のルールになっています。有り難いことに、「部屋のきれいさ」や「家事が行き届いているかどうか」を気にするのは、どちらかと言うとわたしなので、**これくらいで大丈夫と思えるラインを無理のない範囲でキープ**しながら過ごせています。

ラクする check!

無理をしないからうまくいく。家事には、これくらいで大丈夫と思うラインを引く。

4 小さなルーティンで毎日が整う

point

- 1分、3分、5分でできるルーティンを暮らしの中で見つけておこう。
- 「モノは使ったら元に戻す」そんな小さなルーティンでOK。
- スキマ時間を見つけたら、小さなルーティンを発揮するチャンス！

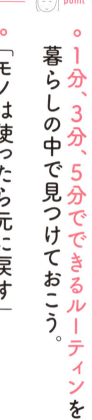

ルーティンとは、決められた一連の流れのことを指します。毎日の暮らしは、小さなルーティンの積み重ねで成り立っています。毎日クタクタになる暮らしには、その小さなルーティンがないか、うまく使えていないのです。小さなことでも、あるとないとでは大きな違いがあり、積み重なることで、驚くほどパワーを発揮してくれるのです。

例えば、わが家にはこんなルーティンがあります。

・モノは使ったら元に戻す。
・放ったらかしを見つけたら、そっと元に戻す（笑）。
・散らかっていたら、出かける前に整える。
・帰宅時にポストチェック。
・ポストチェック後に、すぐに取捨選択する。
・汚したら、すぐ汚れを拭く。
・洗いモノは、食べたあとにすぐ洗う。
・帰ってきたら、靴埃を取る。

・家に帰ったら、まず洗濯物をしまう。

どれもやると、1分ないしは3分で終わるちょっとした作業ですが、暮らしに根付いているので、どれも苦痛に感じたことはありません。わたしの中で反射神経となっているのでしょう。

その小さなルーティンの中に、洗濯物をしまうという作業がありますが、急いで帰ってきた日、晩ご飯に先に取りかからなければいけないときは、あと回しにすることもあります。そうしたら、晩ご飯づくりの途中で、ちょっとだけ手を放せるタイミングが見つかると、すぐに洗濯物のお片づけをしに行きます。

1分、3分、5分くらいしか時間がかからないと分かっているからこそ、ついでにやって終わらせてしまおう！と思えるのです。これが、すべてのことを時間ができたときにやろう！と思っていると、1分、3分だった時間が、20分、30分に膨れ上がってしまいます。そうならないうちに手を付けておくことで、ハードルが下がっていくのです。

わが家の心地よい暮らしは、そんな小さな積み重ねのおかげなのです。

ラクする check!

あなたの暮らしを助ける、小さなルーティンを持とう！

5 「今日のひとつ」と、「週1リセットタイム」をつくる

point

- この1日で、一番片をつけておきたい「今日のひとつ」を決めよう。
- 「今日のひとつ」が終わったら、他のことをやる時間、心の余裕が手に入る。
- 何があっても大丈夫と思える「週1リセットタイム」をつくっておこう！

仕事でも、プライベートでも、やらなければいけないことが多いと感じてしまい、パニックになることがありました。そして、その焦りとはうらはらに、結局どれもたいして進められていないと感じることがあります。

忙しいとき、たくさんの「やらなければいけないこと」が次から次へと出てきます。優先順位を決めるけれど、そのすべてが気になってしまい、「全部は無理！」と焦ってしまうのです。その焦りが、最初に手を付けようとしていたことへのやる気を妨げているのだと思います。

追い詰められたときに、考え方を変えることにしました。

「とにかく今日1日で、絶対にやりたいのはこれ！」

と、**やりたいことひとつに絞ることにしたのです。**やらなければいけないことはリストアップしますが、優先順位を考えることもやめました。

この考え方に変えてから、いくらやっても終わらない、常に追われているような感覚は収まりました。

そして、「今日のひとつ」を決めると、「終わったらやろうかな」と思っていたことも、いい循環で回るようになりました。

全部やろうと思わない。

そう思うようになれると、とてもラクになったのです。

そして、わたしはもっと気楽になるために、心がけていることがあります。それは「週1リセットタイム」を決めておくこと。基本的には、土日の朝のどちらかなのですが、平日にできなかったことをする。そして掃除はやりきっておくことで、平日は気になったときにすぐできることだけを片づける、という暮らしに変わりました。「週1リセットタイム」があることで、**「ある程度見過ごすこともよし」と心にゆとりが持てたのです。**

毎日湧き出る「やらなければいけないこと」に自然と見切りをつけられるようになります。

ラクする check!

焦らず毎日を心豊かに過ごすために、「今日のひとつ」「週1リセットタイム」を味方に！

point

6 モノの置き場を暮らしに合わせよう

- 掃除、料理、洗濯をラクにしたいなら、モノの置き場、動線を変えよう。
- モノの置き場は常識にとらわれずに、「ここなら使いやすそう」という場で試してみよう。
- トライ&エラーで、何度も試してみることで、ベストポジションが見つかる!

自分が選んだ希望の部屋に暮らしているはずなのに、**いざ暮らし出すと、「なんでここにこのモノ、この空間があるのだろう」と思うことはありませんか。**

「なんでこの棚こんなところにあるのかな。何を入れるのだろう」

そんなちょっとした暮らしにくさ。

引っ越しのタイミングなどもあり、ある程度の条件を満たせば目をつぶってしまったり、細かいところには暮らしてみないと気づかなかったりすることがあります。

わが家の場合は、「洗濯機置き場」がまさしくそうでした。なんと玄関にあったのです。お客様はそう多くないとはいえ、毎日帰ってきて目につく洗濯機は、生活感がまる出し。洗濯に使う洗剤やハンガーなどのアイテムもそばに置けば、便利かもしれないけれど、それらまで玄関に置いてしまうと、生活感がもっと出そうで、他に置き場はないのかと探すことにしました。

洗濯機置き場はもう変えられないけれど、それ以外は自由に変えられる。チャンスだと思いました。わたしは、洗濯をするときの動線を見直して、洗濯機のそばではなく、ワンフロア上がったお風呂のそばに洗濯に使うアイテムを置くことにしました。わが家はスキップフロアで、お風呂場が上にあるので、脱いだ衣服を洗濯機に入れるための上り下りは避けられなかったのです。どこへ置いても、上り下りをしなければいけないので、洗濯物と一緒にその都度ハンガーなどを持って下りるのはできると思ったのです。

ちょっとした工夫として、洗濯アイテムが一式収まる洗濯カゴを買い、「洗濯セット」をつくりました。毎朝、このカゴに前の晩の洗濯物を入れて階段を下りるのが日課となっていました。洗濯の動線から見直して、仕組み化したおかげで、無理なくこの生活に慣れました。

変えられないと思っていた暮らしにくさは、モノの置き場を変えれば少しずつ解消するのです。

ラクする check!

モノの置き場は、使いやすさで決めると、作業の動線がよくなり家事もラクに。

7
「暮らしの定番」を増やそう

point

- 心と時間のゆとりを手に入れたいなら、その日暮らしは今日からやめる！
- 同じことを同じ流れでする「暮らしの定番」を増やしていこう。
- 無理な定番は増やさない。合わないときは、やり方を変えて再チャレンジ！

ひとり暮らしのときのわたしは、どちらかと言うとその日暮らしで毎日を過ごしていました。思い立ったとき、気が向いたときにお片づけをしたり、掃除をしたり、洗濯をしたり、料理をしたりするという、「その日暮らし」そのもの。雑誌で特集される「わたしを変えるための新習慣」などのタイトルに惹かれて買ったときのこと。その本の特集には、毎日ひとつずつやることが変わる新習慣カレンダーが掲載されていました。素直に最初のうちは意欲高くやっていたのですが、3日で挫折。結局なんの習慣も身に付かなかったことがありました。

情報を鵜呑みにしすぎていたのですね。なんとなくやらされている感に陥りながら、いま思えば3日やっていたことさえも不思議なものです。**自分がやりたいと思うこと、自分の暮らしに合う習慣でなければ、身に付くはずはありません。**

けれど、理想とする暮らしに向かって考えた習慣であれば、自分に合うように形を変えたりすることがあっても無理なく身に付いていきます。

わたしは、「家に帰ると心地よいきれいな部屋」を目指して、毎朝出勤前に少しずつモップがけをしていた時期がありました。春ごろから始めて、秋まで続けていたので、もう「**わが家の暮らしの定番**」になっていたように思います。それが、冬を迎えたときのこと。急に朝起きるのが辛くなってきたのです。「家に帰ると心地よいきれいな部屋をキープしたい」というモチベーションのもと、これまで毎日楽しく朝15分ほどの掃除時間を持てていたのに、それを苦痛に感じてきてしまいました。

そしてわたしは、思い出しました。毎年冬になるといつも辛くて起きられなくなっていたことを。**この習慣は1年を通して考えると、自分には合っていなかったことが分かったのです。**無理をして続けると、「やらされている感」が生まれ、好きでやっているはずの掃除も嫌いになってしまったり、掃除をしない夫に八つ当たりしてしまったりする気がしました。わたしはそこで、やり方を変えることにしたのです。

毎日の掃除は料理をしたあとのお片づけやベッドメイキングなど、元に戻す作業のみに。お部屋全体の掃除は週末にまとめてすることにし、気になるところだけの掃除に変えたのです。この習慣は冬でもうまくいき、いまようやくわが家の定番として定着しています。

ラクする check!

毎日同じことをする「暮らしの定番」は、あなたの毎日を支える一生の宝物！

point

8 「ながら掃除」を手に入れる

- 掃除が面倒でストレスになる汚れを溜める暮らしはやめる！
- 汚れやすい場所こそ、「ながら掃除」できれいをキープしよう。
- 「ながら掃除」が身に付けば、本腰を入れての大掃除から解放される！

週末の掃除量が多かったわが家。なぜなら、前述どおり冬を迎えて、毎日朝の掃除が定着せず、週末にまとめて掃除をするというのが定番になったからです。けれど、このまとめての掃除にしたときに、何が後ろめたいって、汚れに自分が気づくことなのです。

だから、わたしは汚れやゴミを見つけたら「ながら掃除」をするようになりました。

「気になったときに掃除」と「～が終わったら掃除」、この2パターンです。賛否両論あるかもしれませんが、わたしは、手を使い、そのまま洗ったり拭き取ったりすることが一番多いです。

手はすぐ使える一番の道具であり、細かなスペースでも掃除しやすい万能道具だと思います。

気になったときに掃除

・洗面台の汚れが気になったら手で洗う。

・床に髪の毛や埃を見つけたら取って捨てる。

〜が終わったら掃除

・料理のあと、必ずコンロ、五徳まで拭く。
・お風呂に入ったあと、排水口の髪の毛を取り除き、風呂場全体を水切りする。
・洗面台で髪を乾かしたあと、使ったタオルで蛇口を磨き、床の髪の毛と埃を手で取って捨てる。

この「ながら掃除」のおかげで、キッチン、お風呂、洗面台の週末のお掃除はとてもラク。時間がかかることはありません。

ラクする check!

「ながら掃除」が身に付けば、大掃除とは無縁な生活がやってくる。

9 家事にかかる時間を知っておく

point

- 洗濯物を干す、しまうなど、ひとつの家事にかかる時間は知っている？
- 家事の時間が分かったらスキマ時間を使ってやってみよう。
- 「9時までに終わらせよう！」など、**目標を持つ**と、いつも以上に家事がはかどる。

掃除ほど体力が必要で、家じゅう掃除をしようとすると1日では足りないほど時間がかかってしまうことはありません。だからこそ、**掃除の場所別、掃除道具別に無理のないように組み合わせながら掃除をしたり、同じスペースをまとめて掃除したりすることで、効率的に進めています。**

わが家の掃除は、前述の通り、日々の「ながら掃除」と、「週1のリセットタイム」で成り立っています。「ながら掃除」はお風呂や洗面台、シンクやキッチンなどの使ったあとの汚れを、その日のうちにきれいにしておくことができます。「週1リセットタイム」で床のモップかけと、場所別に月1できれいにしておきたいところを組み合わせています。

さらに月1できれいにしたいところのお掃除を、まとめて取り組んでもいいのですが、その日がどの週よりも大仕事になってしまうくらいならと、小分けにして取り組み、かかる時間の負担を分散させています。

基本的には土曜日にこの週1リセットを行うのですが、この日に予定が入ることもあります。けれど、予定が入った日のほうがより効率的で、やる気になるのです。なぜなら、「家を出るのは9時だから、8時半までには終わらせよう!」

など、いつもよりも強い気持ちを持って取り組めるからです。**このように終わる時間を意識して目標を持つと、仕事がはかどるのは、日常の家事にもあてはまります。**

反対に終わる時間を決めていないと、「気づいたら1時間も経っていた！」なんてこともあります。余計な忙しさを感じてしまうことにもなりかねません。

そのためにも家のお掃除にかかるだいたいの時間を知っておくと、スキマ時間を見つけたときにも取りかかりやすくなります。「出かけるまであと5分だったら、トイレ掃除だけは済ませておくと、あとがラクだからやっておこう！」などと、モチベーションになるのです。

ラクする check!

家事にかかる時間をはかってみよう!

スキマ時間でできることが増えると、負担も軽くなる。

10 苦手な家事は、やり方を変える

point

- 苦手な家事は、得意にならなくてもいい。できるようになろう!
- まずはハードルを下げること。手順、時間、頻度など、アプローチを変えてみよう。
- 一般的な方法や、常識は忘れて、自分なりにできるやり方を持とう。

わたしは以前、お片づけ以外の家事はあまり得意ではなく、どちらかと言うと苦手でした。具体的に言うと、掃除、料理、洗濯などの家事。暮らしを支える家事が苦手だと、どうしてもやらされている感たっぷりになってしまい、余計にやりたくなくなるという負のスパイラルに陥っていました。

ですが、いま思うと、自分に合った方法を知らなかった、その家事を妨げる何かを取り除いていないから、苦手に感じていたのだと思っています。

つまり、**家事はその環境や、やりやすい方法を知っているかどうかで、モチベーションが大きく変わってくる**と知ったのです。

特に掃除は、お片づけと綿密に関連しています。わたしは、お片づけで、掃除のモチベーションを下げているモノの定位置や動線を見直し、驚くほど掃除がしやすくなり、掃除が好きになっていきました。

このように**行動を妨げている何かを変えることによって、少しずつ好きになっていくことができるのです。**

　また、わたしの苦手とすることのひとつに、料理がありました。いまも得意とは決して言えませんが、少しずつ好きになっています。有り難いことなのですが、実家で母は、毎晩たくさんの小鉢を出し、バリエーションのある献立で夕食をつくってくれていました。その母の料理を目標としてしまうと、どうしても料理に取りかかるハードルが上がってしまっていたのです。

だから、目標を下げることにして、自分ができる範囲ってどれくらいだろう？と少しずつ取り組むようにしたのです。時間のある週末には、つくったことのない料理に挑戦して、時間のないときは、品数を少なめにします。できるだけ手数の少ない料理や、素材そのモノを味わえる料理にして、料理自体もシンプル化することでハードルを下げています。目的は手順を減らすことで素材の味をそのまま味わうシンプルな料理の魅力に気づいて、わが家の定番になったメニューもあります。

「苦手、できない」と思うことは、まずはハードルを下げてやってみるとうまくいくものなのです。

ラクする check!

苦手な家事は誰にだってきっとある。
得意にならなくても、できるようになる方法はある！

11 ちょっと面倒と思うことを見つけておく

point

- 面倒と感じたことは、暮らしを改善できるビッグチャンス！
- 面倒に感じる原因をまずは探ってみて。
- 手順、時間、頻度、モノの置き場や動線など、**やる気を妨げる元を見つけよう。**

家事をしていると、「ちょっとこれ面倒だな」と感じることが必ずあるはずです。いつまでも面倒に感じるままにしていると、気づけば苦手になってしまう原因になります。

・面倒だと感じたら、その感じたことを覚えておく。
・何が面倒と感じさせているのかを探ってみる。

わたしは、そうしてできるだけいつも楽しく家事ができるように心がけています。

例えば、わが家のちょっと面倒と思うことに、キッチンのタオルの取り替えがありました。スキップフロアの家に暮らしていた頃、玄関から上がると、トイレとお風呂と収納スペース、その上が寝室、その上にキッチン…など、フロアごとに用途が異なっていました。このため、下手をすると何かをするときに、フロアを毎回移動せねばならず、手数が増えてしまっていました。

キッチンのタオルの取り替え用の予備は、他のタオルと一緒に2フロア階段を下りたところにある収納スペースに置いていたのですが、取り替えたかったことを忘れてしまい、何度もそのフロアへ下りたり。使ったタオルを下に持って行ったのはいいけれど、取り替え用のタオルを持って上がることを忘れて、再度フロアを行ったり来たりしたり。そんな小さなロスが続き、プチストレスとなっていました。取り替えるときの動線が悪かったのです。

そこで、タオルの置き場を、2階の収納スペースから、キッチンに変えることにしたのです。そうすると、替えたいときにすぐに取り替えられて、そのまま風呂に行くときに一緒に洗濯物に回すということがスムーズにできるようになりました。こんなちょっとの工夫で、面倒なこともこれならできる！に変わる瞬間はとても楽しいものです。

なんだか面倒だと感じていることがあったら、まずはやる気を妨げているものがなんなのか探ってみると、解決へのヒントが見つかります。

ラクする check!

面倒だと思うことは、原因を探ってやり方を変える！

12 ほうき、雑巾、手をいつでも使えるお供にする

point

- 音が出ず、使う時間を選ばない**ほうき、雑巾、手は掃除の3種の神器。**
- がんこな汚れ知らずになるために、思いついたときにすぐ掃除！
- さあ、いますぐ掃除道具をまとめ、使いやすいところへセットを完了させよう。

汚れほど、溜めておいて損なモノはありません。

だからこそ、溜めない工夫のひとつに、「ながら掃除」や「この程度で大丈夫」のラインを持っておくことがありますが、**汚れが見つかったときに、いつでも掃除ができることで、より快適な空間がキープできるようになります。**

そのいつでも掃除ができるアイテムとして、ほうき、雑巾、手が大活躍します。音が出ないので、早朝でも夜でも使えるというのが、ご近所迷惑にならないので使いやすいのです。

わが家には、じつは掃除機はないので、汚れが見つかったときに主に使うのは、ほうきや雑巾、それに手でそのまま取るということもします。手で直接汚れを取るのはちょっと…という方もいらっしゃるかもしれませんが、わたしは汚れを取ったら手を洗うようにしているので、あまり気にならなくなりました。手はいつでもそこにあるので、どんなときにも一番使える道具とさえ思えるようになりました。

「気になったとき」が一番掃除のモチベーションが高いように思います。このようにいつでも掃除ができる状態をつくっておくと、気になったときのモチベーションを下げないので、汚れを溜めて、がんこな汚れに変わってしまった、ということがなくなります。

思いついたときに、すぐに掃除ができるようにしておくためには、掃除道具を一か所にまとめておくこともとても大事です。いろんなところに点々とモノがあると、取りに行く手間にもなります。さっと必要なときに、すぐに取り出せるように定位置を決めておくことは、掃除だけでなく、家事を、暮らしをしっかり支えてくれているのです。

ラクする check!

ほうき、雑巾、手があれば、思い立ったときにすぐ掃除ができる!

PART

3

暮らしに
ゆとりができる
お片づけ

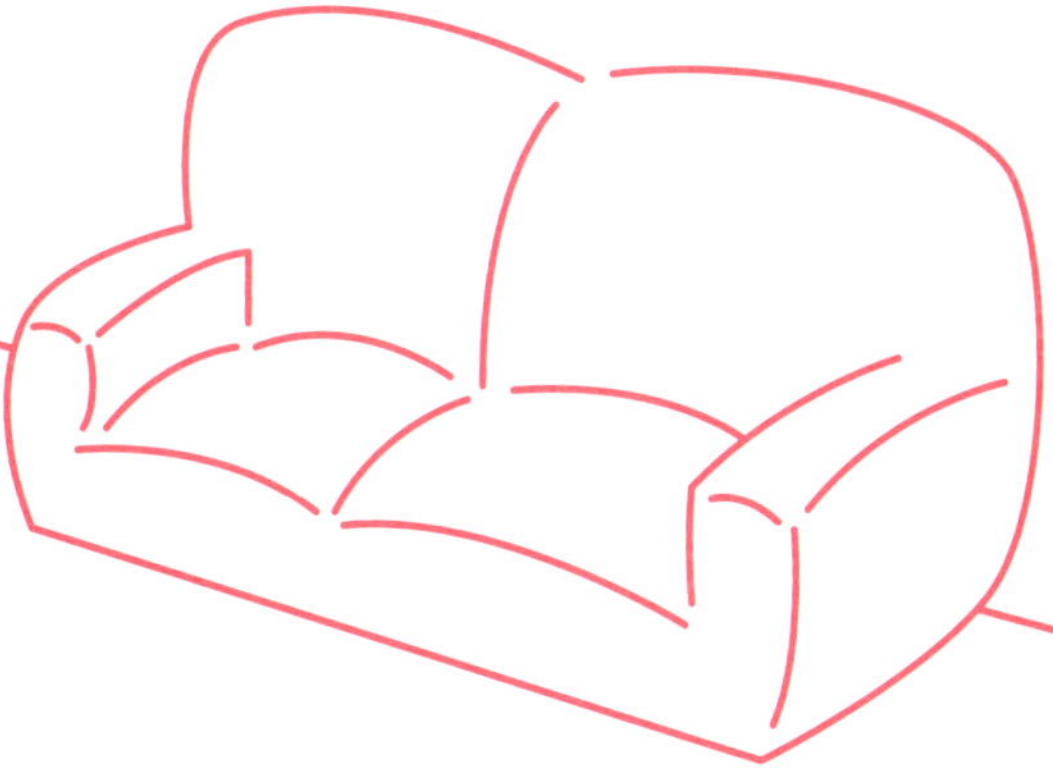

point

1 家にあるモノを「まる見え」にしよう

- さあ、箱の中身を全部出して、「ここにあったんだ！」撲滅作戦を決行！
- モノの置き場は、家族が分かるように。伝わらないラベリングは、意味がない。
- モノが埋もれるほど持つのは、探す時間、スペースのロス。心地よい暮らしの最大の敵を追い出そう。

ある日曜日の夜。いつもならば、週明けの仕事に向けて早めにお風呂に入り、その心地よさで早く眠気に襲われるのですが、その日は違いました。

ある収納ボックスが気になって眠れなかったのです。

収納ボックスに入れて、持ちすぎに気づかなくなるのを防ぐため、家じゅうの収納ボックスから中身を全部出していました。けれど、じつはひとつ見逃していたのです。それは、夫がひとり暮らしのときから使っていた、彼のモノしか入っていないボックスでした。個人のモノとなるとさすがに許可を取って開けなければと思い、タイミングをうかがっていたのです。

どうにも気になる気持ちを抑えられなくなったわたしは、「このボックス開けてみない？」と誘ってみました。ちなみに、この数か月、夫がこのボックスを開けたのを見たことがありませんでした（見逃しただけかも！）。

しぶしぶボックスを開けて、夫がひとつひとつ中身を確認するのをそばで見ていたときのこと。「ここにあったんだぁ！　いいモノ見つけた」と頭をマッサージするグッズを見つけて、夫はとても嬉しそうでした。けれど、そんな嬉しそうな顔を横目に、わたしは誓ったのです。プレッシャーをかけたのは悪かったけれど、**「ここにあったんだ！」**を撲滅しようと。もちろん、夫のモノだけではなく、わたしのモノも。モノに心があるならば、持っていることを忘れられるのは、きっと本望ではないでしょう。**モノの置き場はちゃんとつくってあげること。**

置き場を決めるときには、もうひとつ大事なことがあります。家族が分かるようにすることです。わが家では、私物以外はわたしが置き場を決め、夫にモノの場所を聞かれることがないようにラベリングをしていました。一通りお片づけが終わったときに、どこに何があるか一緒に確認もしたはずなのですが、ラベリングもすっかり忘れて、夫にモノの場所を聞かれることがありました。

一度教えたモノの場所をもう一度聞かれると、優しく教えてあげられないのはなぜなのでしょう。一言「前も教えたよ」と添えてしまい、喧嘩が勃発、なんてことがありました。すべては優しく教えてあげられないわたしが悪いのですが…。夫もそんなわたしにモノのありかを聞くのが怖くなり、しなくなったそうです。

「ラベリングをしたつもりでも、伝わらなければ意味がない」

夫の様子を見て、反省しました。わたしは、できるだけ同じようなモノが夫にも分かるようにひと固まりにして、夫にも家の中が見えるように心がけています。

ラクする check!

「ここにあったんだ!」撲滅作戦決行で、家にあるモノをまる見えにしよう。

2 ストックを最小限にする

point

- ストックを最小限にして、使い切れないストレスから解放されよう!
- なかなか使い切れないモノなら、多くのストックはいらない。
- なくなってもすぐには困らないモノは、なくなってから買おう。

モノを整理し、暮らし全体の量が減ってくると、なかなか使い切れないモノ（主に消耗品）が少しずつ分かるようになってきます。消耗品をちゃんと使い切ろうと思うからこそ、そもそも1回に使う量が少ないことや、使う頻度が少ないモノに気づきます。例えば、わたしにとっては歯磨き粉。使う頻度は毎日ですが、たくさんはつけないため、減るスピードはノロノロ。それにもかかわらず、ストックがありました。もうすぐなくなりそうと分かってから買っても、すごく困ることはないのに。**たとえそれが小さくても、なくならないことで、モノを管理できないことにストレスを感じるようになっていました。**

そして、わたしにとってなかなか減らない消耗品と言えば、それはハンドクリーム、ボディクリームなどのクリーム系があります。プレゼントで頂くものナンバー1で、気づくと溜まっていました。思い返せば、わたしも友人へプレゼントとして買っていたこともあります。なかなか使い切れないことや、肌に合わないモノがあると気づいてからは、プレゼントには避けるようになりました。

これらは、意識的に使わないと減らないモノ。ハンドクリームを意識して塗り、塗る時間をもうける「丁寧な暮らし」を始めてみることにしました。

わたしの職場は、紙をよく扱います。以前、同僚に、お子さんが3人いらっしゃるのに、生活感を微塵も感じさせない美しい方がいました。その方は、1日に数回ハンドクリームを塗っていました。

ハンドクリームをつける瞬間、いい香りがほんのりして。

毎日慌ただしく過ごす中で、そんな女性らしさ、わたしも持ちたいなあと思っています。**不要なストックを持たず、いまあるモノを最後までちゃんと使い切ると決めたら、そんな女性らしさも自然と身に付くような気がしています。**

暮らしの中で、使い切れずに溜まる一方なモノはないですか。**それは使う頻度や量に対して、ストックを持ちすぎているということなのです。**

ラクする check!

なくなっても困らないストックは、しばらく買うのをやめよう。

3 モノの定位置を決める

point

- 家にある全てのモノに置き場＝定位置を決めよう。
- 決まった定位置に「使ったら元に戻す」を習慣にすると、モノは散らからない。
- どこにあったら使いやすいか、自問自答する。使いづらいならほかの場所で試してみよう。

モノを管理しやすいあなたの適量まで減らしたら、モノの置き場、定位置を決めます。いまの暮らしが、もっと心地よくなるように。

「どこにあったら、暮らしやすいか」
「掃除や家事をしたくなるか」

自問自答してみます。動線を考え、モノの配置を変えるだけで、これまで続かなかったことが自然と習慣になっていくことがあると前述しましたが、お掃除や料理、家事のやりにくさは、やる気だけの問題ではなく、その作業をするためのモノがどこにあるかによって、モチベーションが大きく変わってくるのです。「本来ここにあるべき」という常識を一度忘れ、「ここにあったら使いやすい」と思う場所に置いてみるとうまくいきます。

定位置を決めたら、あとは必ず元に戻すということをすれば、モノはずっと散らかることはありません。

いつもモノが散らかっているなら、それは、定位置がそもそもない、モノが多い、また一時的に曖昧になっているから起こるのです。

引っ越したばかりの友人の家にお片づけの実践を兼ねて、お手伝いをさせてもらったときのこと。彼女と一緒に数日に分けてお片づけをしたあと、彼女は言いました。

「うちにはモノの定位置がなかったんだね」と。

定位置ができただけで、気がラクになったと言っていました。

あなたの家に、定位置が決まっていないモノがあるなら、ひとつ残らずすべて決めてしまいましょう。

ラクする check!

家にあるどんな小さなモノにも、定位置を決めておくと散らからない。

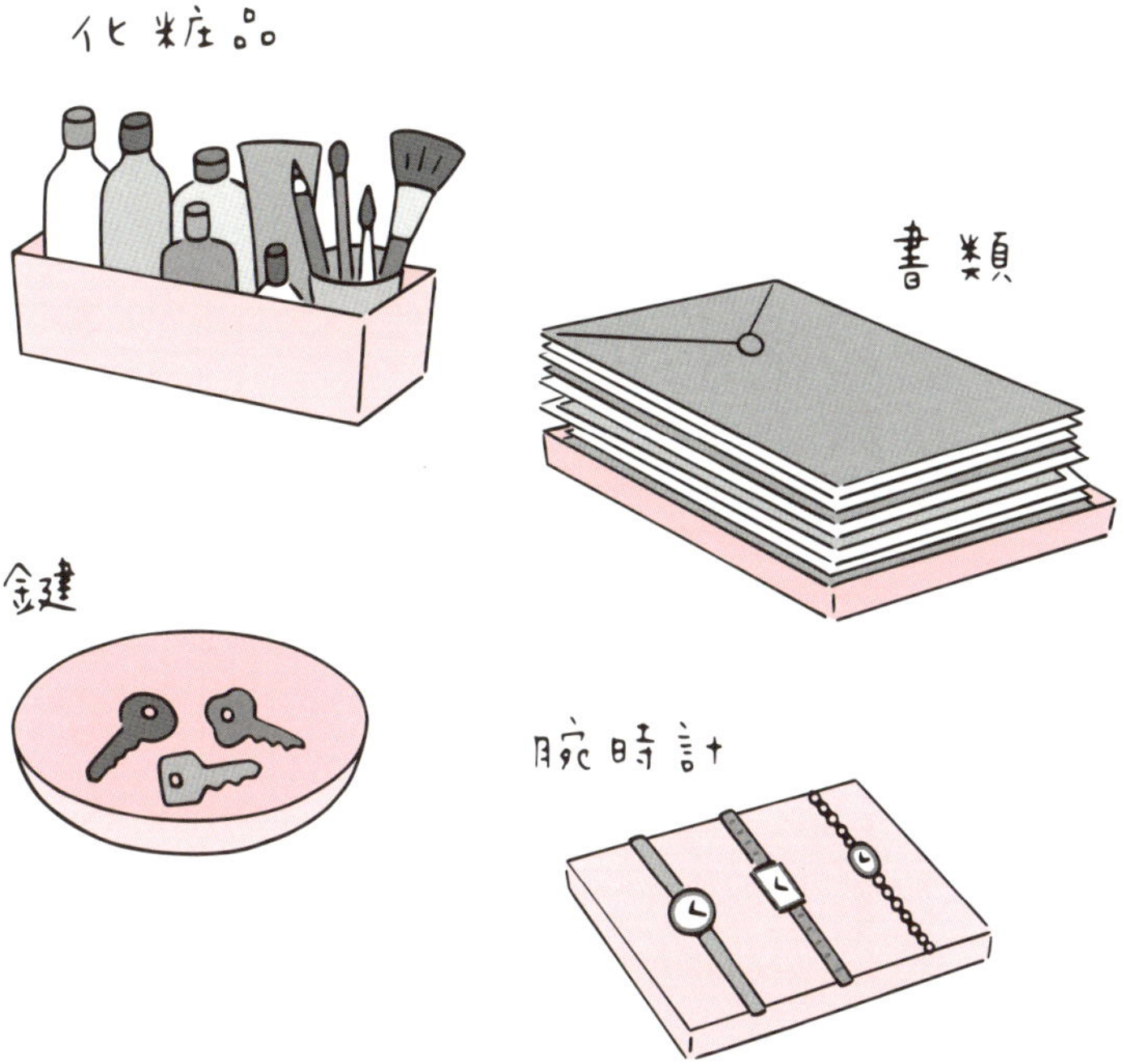

point

4 床と机にはモノを置きっぱなしにしない

- 今日から、床と机には、モノを置きっぱなしにしないと決意しよう。
- 床や机を見回してみよう。何かを置きっぱなしにしていない？
- 郵便物など、不意に舞い込むモノにも一時置き場を決めよう。

モノの定位置をすべて決めたはずなのに、気づいたらなんだかモノが家のそこかしこに散らかっていることはありませんか。例えば、わが家でときどき散らかっているのはこんなモノ。

・郵便物
・バッグ

郵便物

わたしは、ポストを開けたあと、すぐに郵便物の取捨選択をするようにしています。チラシは捨て、公共料金などの領収書は、金額をメモってすぐ捨てます。けれど夫に届いたモノは、帰ってくるまでは置いておくことになり、手渡ししたあともしばらく開けていない郵便物がリビングやクローゼットに起きっぱなしになることがありました。**けれど、そんな夫の郵便物にも置き場を決めたら、散らかることはなくなったのです。**

バッグ

わたしも夫も、仕事を持ち帰ったとき、リビングにバッグを持ち込むことがあります。夫のバッグが置きっぱなしになっているときは、静かにクローゼットの置き場に返すようにしています。そうすることで、夫が自然と元に戻してくれるようになりました。

どれも散らかる理由はひとつ。一時的に入ってきたモノに定位置がなかったから、散らかったように感じていたのです。「ああ、また散らかっている」という心理状態からラクになるために、いますぐ決意しましょう。床や机にはモノを置かない、置きっぱなしにしないこと。そして、一時的に入ってくるモノにも定位置を決めておくこと。

ラクするcheck!

一時的に入ってくるモノにも、定位置を決めると、モノは散らからない。

5 ひとつあればOKのモノを増やす

point

- 使う頻度が少ないのに、たくさん持ちすぎているモノはない？
- 「ひとつ持っていればOK」のモノをまずはひとつ見つけてみよう！
- 手入れが自然としたくなるそんな「ひとつ」のモノを増やしていこう。

モノを「ひとつ」にすることの対局に、「たくさん持つ」ということがあります。

わたしは以前、香水をたくさん持っていました。つい気分転換とばかりに買ってしまったけれど、じつは全然つけていなかったのです。大学生の頃は時間も余裕もたっぷりあって、よく香水を肌につけていましたが、最近は朝と言ったら戦場で、たった香水をワンプッシュするという、そんな習慣すらなくなっていました。そうしてあるとき思い立って、香水ひとつを残して、残りを手放すことにしました。

手放す前に調べてみると、香水にも使用期限があるらしいと知りました。片づけようと思うまでは、恥ずかしながら、肌につけるモノなのに期限を気にしたことがありませんでした。

香水の入れ物は、簡単には中身が出ないようになっています。捨てるときは、ワンプッシュし続けて、中身を全部出して捨てました。何本も同じ動作を繰り返したので、指が腱鞘炎になるかと思うほど。

「もう気軽に買い足すのはやめよう」

この面倒な作業を、身をもって体験したからこそ、自信を持って言えるようになりました。

朝は相変わらずゆっくり寝たくて、戦場ですけれど、**ひとつだけなら「何をつけようかな?」なんて悩むこともありません。**毎朝のワンプッシュすらできなかったわたしが、少しだけでも、心の余裕という女性らしさを手に入れるために残したのですが、この「ひとつ」を楽しむことはたくさんの発見がありました。**自分の好きなモノの傾向がよく分かるようになり、選ぶときもその基準をもとに慎重になりました。ひとつだけなので、減り具合にも気づきやすく管理がしやすい。**

とにかくいいこと尽くしだと気づいたのです。そうして「ひとつ」の虜になったわたしは、帽子、ベルト、時計、雨傘、口紅など、いろんなモノをひとつにしていきました。そうすると、「あれがひとつでないなんて意外」「あれをひとつにできるかも!」などどんどん気づいていくのです。

ラクする check!

ひとつだけでOKのモノが増えると、手入れがとってもラク。

ひとつにできるモノ
・ベルト
・ネックレス
・ピアス
・腕時計
・名刺入れ
・折りたたみ雨傘
・赤のマニキュア
・口紅
・手袋
・お呼ばれ服

6 ひとつ持つことで、モノは増えていくと知っておく

point

- ベッドを買ったら、マットレス、シーツなど、セットで使うモノはどれくらいある?
- ひとつ減らせば、一気にセットで減らせることも。
- 一緒に使うモノと合わせて自問自答しよう。「本当に生活に必要?　使いたくなる?」

赤のマニキュアをひとつだけ持っていました。そして、ベースコート、トップコート、爪やすりや、除光液、甘皮処理用のプッシャー、仕上げのオイルなど、マニキュアと一緒に使うモノもたくさん持っていました。**マニキュアを持つことで、なんとたくさんのモノが必要になることか。**

ひとつのポーチをこのネイルセットが占領していました。ふと、眺めているうちに、**ひとつ持つことで、こんなにたくさんのモノが必要になる**ならと、マニキュアをやめようと思い立ちました。

友人のきれいな指を見て羨ましく、ジェルネイルに通ったり、ときに節約してマニキュアを塗ったりしていたのですが、最近ナチュラルな指先も好きになってきたのです。

何より、塗るのが下手だった。下手だから持ちが悪い。特に利き手に塗るときの大変さと言ったら。毎回失敗して塗り直しになり、やる気が削がれて途中で結局塗るのをやめることもしばしば。

ナチュラルな指を受け入れられるまでは、意地になって何度も塗っていました。

昔から塗るのが下手だったのですが、もう上達する気もしない。苦手なモノは、無理をしない。区切りをつけることで、ラクになれました。

ネイルセットを手放したときの爽快感と言ったら。マニキュアだけでなく、セットとして持っていたたくさんのモノたちとも一気に区切りがつけられたのですから。

いまは、オイルだけ残し、乾燥が気になるときはオイルだけ塗っています。

ラクする check!

一気にモノの総量を減らしたいなら、セット使いのモノを見直してみる。

7 汚れの温床はできるだけ持たない

point

- ラグ、マット類などが**見た目だけ整えるアイテム**になっていない？
- ファブリックを持つと決めたら、お手入れがしやすいモノか見極めて。
- じつは埃だらけなら手放すことも判断のひとつに入れて。

ラグ、トイレマット、バスマット、キッチンマット、家の中にはファブリックが多いものです。

ひとり暮らしの部屋では、ベースカラーを「白」と決めていました。白い空間づくりのため、玄関には、白い玄関マットを置いて。そのマットは、好きなインテリアショップで買った、お気に入りでした。

けれど、ラグのない、掃除のしやすい環境に感動してから、もしかして玄関マットもないほうが暮らしやすいのでは、と思うようになりました。

掃除のしやすい暮らしを考えたら、ウズウズ。いてもたってもいられず、まずはすぐには手放さずに、ない暮らしを体験してみることにしました。

玄関マットは、定期的に洗濯しなければいけなかったので、持つことでひとつお手入れという手間がかかっていました。ところが、ないことで不便なことは何ひとつありませんでした。次第に、フローリングの白も、なかなかいいなと思えるように。

同じようにトイレマットもなくすことにしました。いまわたしは、汚れの温床になるモノはなるべく持たないようにしています。ラグは大きすぎたので、お手入れが本当に大変でしたから。**見た目だけ整えるアイテムになっているモノは、なくしてもいいのかもしれません。**

けれど、マットがきちんと機能していることももちろんあります。わたしの実家には、窓辺に不自然にマットが置かれているところがありました。わたしは、たくさんのマットを手放してきたので、ついつい母にこう言ってしまいました。

「なくすと掃除がラクだよ」と。

でも母は、それにこう答えたのです。

「陽が強いから、それがなければフローリングが傷むの」

見た目をきれいにするだけでなく、家を守るために、このマットは欠かせないモノとのこと。**本当に必要なモノは手放す必要はありません。**

ラクするcheck!

家にあるファブリック、本当に必要か考えてみよう。

point

8 ざっくり収納も使う

- 収納ボックスは、デザイン、色、サイズ、形を統一してすっきりさせよう。
- 同じ用途に使うモノをまとめたら、中身はざっくり収納でもOK。
- 何があるかすぐに分かるストレスフリーにしたいなら、透明なジップバッグで小分けして。

スキップフロアの家には、玄関を上がった2階の廊下のつき当たりに、収納スペースがありました。ほぼ「無印良品の商品の陳列か！」というくらい、改めて見ると、無印良品の収納用品にお世話になっていました。

・ソフトボックス 長方形 大と中
・重なるラタンバスケット長方形 大
・洗濯カゴ

デザインや色味が揃えば、見えないところは、ざっくり収納にしています。

置き方もざっくりで一見規則性がないように置かれていたのですが、わたしがよく使うモノは背が低いので下の方へ。夫のモノ、出し入れ頻度が少ないモノは上になっています。無印良品のソフトボックスなら、もしも落ちてきても柔らかいので安心なのです。

そのざっくり収納ボックスの中には、ひとつストック用があります。詰め替え用のナチュラル洗剤の残りなどを入れています。ざっくり収納と言っても、ボックスの中にカテゴリーの違うモノがバラバラになっていると、どこへ入っているか分からずストレスになるので、そうならない程度に、小物たちは、中身が見える透明な袋、わが家ではジップバッグに入れて中身がざっくり分かるように保管しています。中身が見えるので、特にラベリングいらず。また素材が柔らかいので、他のモノと一緒にしまいやすいのです。

さらにこんなざっくり収納がありました。以前はタオルをワイヤーバスケットに入れていましたが、取るのも、洗濯後に収めるのも、そのまま直置きするのが一番ラクだなぁと気づき外しました。

このざっくり感のおかげで気楽になれるのです。

ラクする check!

収納ボックスの見える部分を揃えれば、
中身はざっくり収納でもOK。

9 断る勇気を手に入れてモノを増やさない

point

- 自分の暮らしに見合わない頂きモノは、理由を伝えて断ることもひとつの手。
- 「ありがとうございます」と**気持ちを受け取る**ようにする。
- 暮らしに見合わないモノは、**早めに見切りをつけて**、欲しい人へ譲ろう。

結婚式の最終打ち合わせのときのこと。終わったあと、担当のプランナーさんが書類を取りに一旦席を外されました。書類とともに渡されたのは、ジャムでした。「よろしければどうぞ」

そう、わたしたちが結婚式を挙げるその土地のお土産のひとつです。

いま思えば、結婚式場を探して最初のフェアに行ったとき、会場を決めたとき、毎回小さなジャムを頂いていました。でもわたし、ジャムをパンに付けて食べる習慣がないのです。断れずに頂いて、結局手を付けないまま賞味期限が来てしまい、中のジャムを取り出してガラス瓶と別々に処分していました。本当はどなたかにすぐ譲ればよかったのですが、そのときは頭が働かなかったのですね。

そんな記憶もあったので、「お気持ちは嬉しいのですが、ジャムを食べないのでお気持ちだけ頂きます。ありがとうございます」と断りました。

よく考えると、最終の打ち合わせでもあったのでプレゼントして下さったのだと気づきました。少し悪かったかな…と思ったものの、横にいた夫が「気持ちは嬉しいって言っていたから嫌な感じはなかったよ」と言ってくれて、一安心しました。そうか、モノは自分に合わなくても、きちんと気持ちを受け取るようにすればいいのだと、そう気づいたのです。

気持ちを受け取る断り方

- 気持ちは嬉しいと伝える。
- 断る理由を伝える。
- お礼を伝える。

まだまだ不意には弱いですが、不用意にモノを増やさないためにも、勇気を持って断る力を身に付けて心地よく暮らしていきたいものです。

ラクする check!

「ありがとうございます」と気持ちは受け取り、不用意にモノは増やさない。

10 なくしてみる

point

- あることを疑ってみる。「使っていない」「使いにくい」モノはない？
- 「借りる」を視野に入れると、管理するモノはグンと減らせる！
- いきなり捨てなくてＯＫ。まずは「ない生活」を試してみよう。

30歳を過ぎて、都心から離れたところに引っ越したせいなのか、それとも年齢的なものなのか、友人が泊まりに来るということがピタリとなくなっていました。クローゼットの中身を整理し始めて、場所をとっているお客様用布団が、なかなかの存在感を放っていて辛くなりました。そこで、**使う頻度とスペースが見合っているかを考える**ことに。

まわりは家庭を持ってきているし、もう泊まりに来ることもないかもしれない。その割には、スペースを取っていて、わたしのストレスになっている。そして、お客様用布団の敷布団は、大学時代から持っていたモノで、かなり古い。そうして考えるうちに、**「持っているメリット、ほぼなし」**の結論に至りました。

でも、そう決めたあと、じつは、しばらく人を呼んでいなかったひとり暮らしのわが家にて、友人を泊める機会が2回もありました。すでに決意して、お客様用布団は手放したあと。「なんとか対策を練らなければいけない！」。わたしは少し焦りました。

「布団がなければさすがに無理そう。もう一回買わなきゃいけないのかな」と思っていた頃、会社の先輩から「レンタル布団」というサービスがあると教えてもらいました。**いつも買うことばかり考えていたけど、そうか、レンタルという手があったのだ**と気づきました。

そして初めて「レンタル布団」を利用したのです。借りることで、その都度お金がかかってしまうけれど、**頻度で考えても、衛生面から考えても、借りるくらいがわたしにとってはちょうどいい**と気づきました。

いま思えば、なかなか使わないこの「お客様用布団」はダニだらけだったのでは…と思います。

「レンタル布団」のお店によっては、土日の時間指定ができなかったり、配達地域が限られていたり、まだまだ利用しにくい面はありますが、お店もサービス内容も少しずつ充実してきていると感じています。**「持つ」ことだけでなく、「借りる」を視野に入れることで、グンと片づけが進みます。**

ラクする check!

借りられるモノはじつにいっぱい！

一時的なモノなら、迷わず買わない選択を。

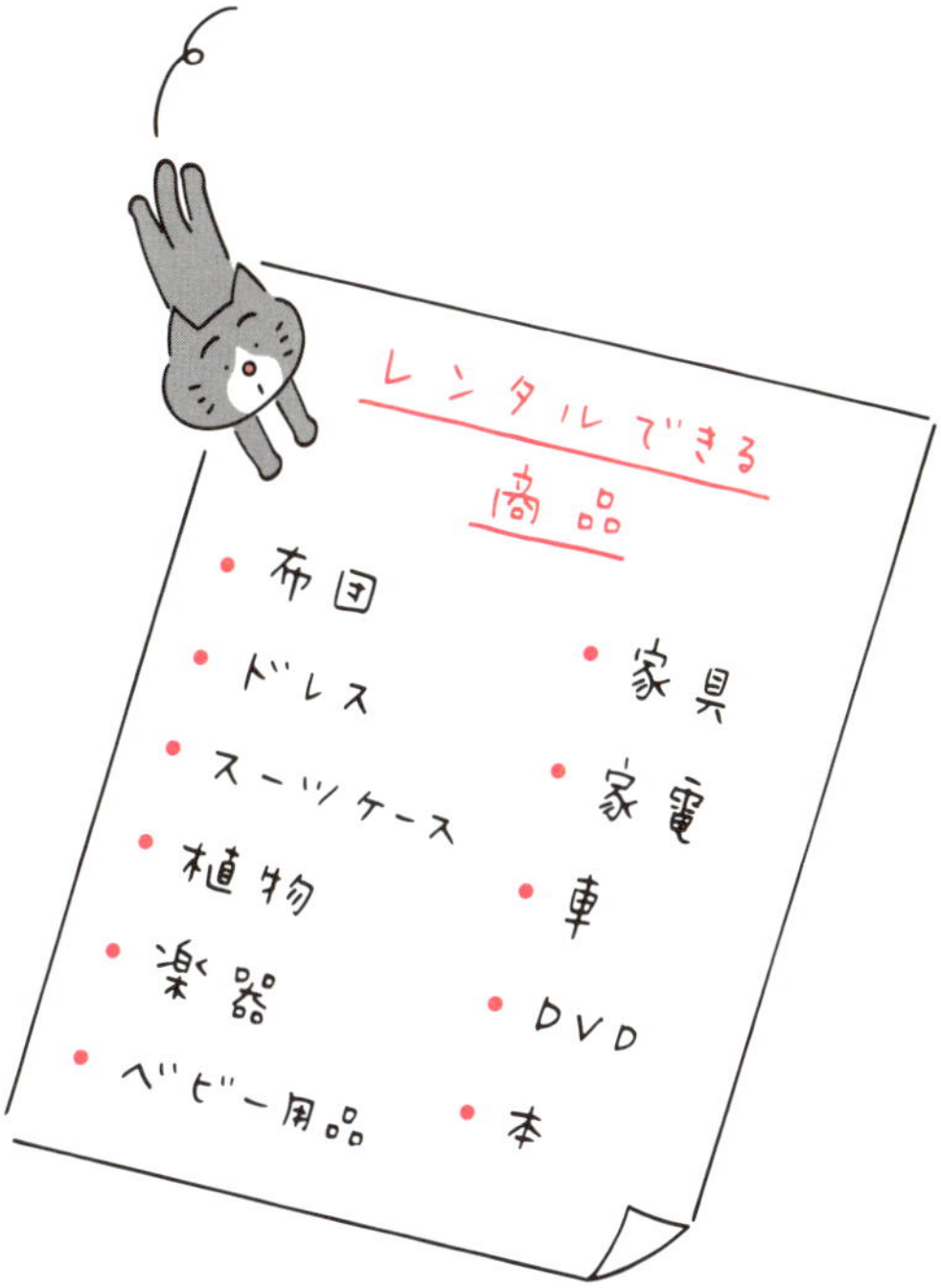

11 季節のアイテム、トラベル用品を減らす

point

- 季節のアイテム、トラベル用品など専用アイテムを持ちすぎていない？
- ひとときしか使わないモノのために、そのスペースと手入れは、本当に必要？
- 「あったら便利」はなくてもやっていける。代用できるモノは手放そう。

子供の頃は、寒い冬、電気あんか（足元を温めてくれる電化製品）で温まった布団の中に入るのがわたしにとって至福のひとときで、ぬくぬくの布団が大好きでした。田舎だから、一軒家だから、家が寒かったのかもしれませんが、冷え性のわたしにとっては、**手放せないアイテムだと思い込んでいました。**

でも、ひとり暮らしの部屋って、まわりも家に囲まれて、実家ほどは寒くないし、だんだん電気を使うアイテムをつけたまま寝るということに抵抗を覚えてきました。手放せないと思っていたのに意外なこと。

お風呂に入ったあと、体を冷やさないように上着や靴下で保温する。ベッドへすぐ行けば、温まった身体のまま寝られる。暮らす環境にもよるけれど、**暮らし方や、過ごし方を変えるだけで、なくても暮らせる**ことに気づきます。

日本は四季が豊かなので、**季節のアイテムが充実していますが、季節のアイテムの見直しは、暮らしを変えるチャンスだと思うようにしましょう。**

また、**不用意に増やしてしまうモノのひとつがトラベル用品。**そのときだけしか使わず、普段使いのアイテムを、そのまま旅行に持っていくだけでこと足りることもしばしば。わが家にも、トラベル用のハンガー、トラベル用のシャンプーセットや化粧品などがありました。トラベル用品は、理想はパスポートや変圧器など日常で本当に使わないモノくらいにしたいもの。

こんなふうに、**いま持っているモノでこと足りる**、と少し考え方を変えれば、家にあるモノは、どんどん必要最小限になっていきます。その**モノに費やしていたスペースも、お手入れという手間も、どんどん減っていく**ことになるのです。

ラクするcheck!

代用できるモノもあるのが専用アイテム。ダブッて持っているなら手放しても大丈夫。

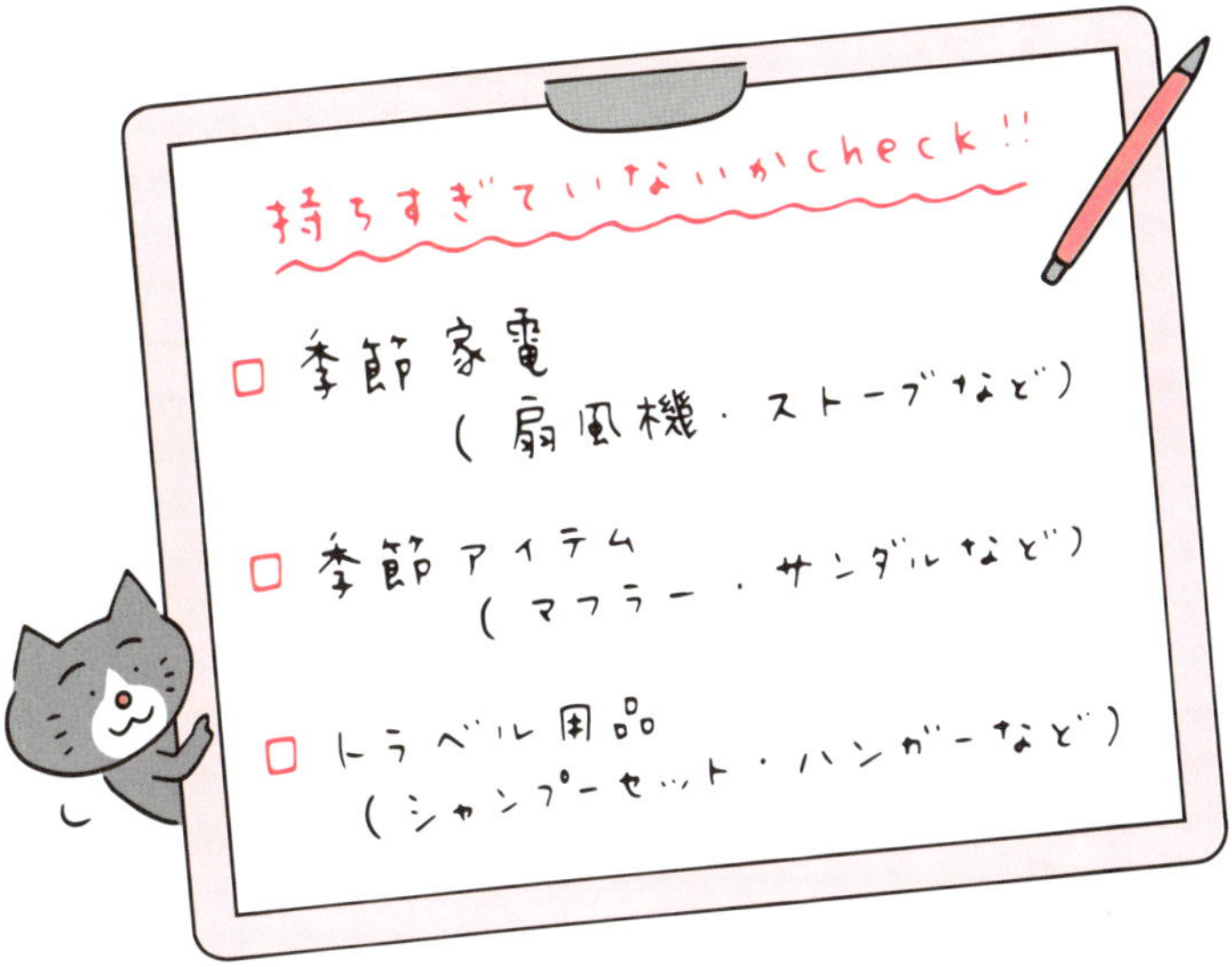

12

掃除道具を減らす

point

- スペース別、用途別に多くの掃除道具を揃えていない？
- いろんな場所で、いろんな用途に使えるとっておきの掃除道具を揃えよう。
- 掃除道具はできるだけさっと取り出せるようにまとめて持とう。

わたしは、お片づけを通じてお掃除が大好きになってしまったのですが、家事の中でも、掃除が苦手という人は多いかと思います。なぜなら、玄関、キッチン、リビング、トイレ、お風呂…など、掃除する場所がとても多いですから、真剣に掃除をしようとなると、とてつもない時間がかかってしまうわけです。かかる時間と反比例して、体力も減っていきます。そんな掃除を手助けするために、世の中には、たくさんのお掃除用品が溢れています。

同じようなモノを重ねて持たないように、できるだけ、掃除用品はひとまとめにして管理するのがおすすめです。 また、時々しか使わないようなカビ用洗剤、お風呂用洗剤、トイレ用洗剤など、**用途の限られる特殊アイテムは持たないこと。**たくさん持つことで、その分の保管スペースを取りますし、いろんなアイテムの使い方をそれぞれ場所や用途に合わせて変えていくのは、とても面倒な作業です。

わたしは、代わりに酸素系漂白剤、セスキ炭酸ソーダ、重曹、クエン酸などのナチュラル洗剤を持つようになりました。用途や場所ごとではなく、汚れ別にいろんなところで使えるので、重宝しています。これらは、洗濯でも活躍してくれます。

ラクする check!

ナチュラル洗剤について

重曹

[特徴] アルカリ性洗剤・消臭・研磨作用がある

[使い方] 少量の水でとき、ペースト状や、粉のまま消臭剤として使います。

・お鍋のこげや茶渋、コンロ・シンクの汚れのこすり磨き
・容器に入れて、冷蔵庫や靴箱に置いて消臭に
・ゴミ箱にそのまま入れて、臭い予防に

酸素系漂白剤

[特徴] アルカリ性洗剤・漂白

[使い方] 40℃くらいの温水で使うのが効果的。

・衣類、食器、ふきんの漂白
・洗濯槽や排水バルブの掃除

クエン酸

[効果]水垢や石鹸カス落とし・アルカリ性洗剤の中和作用も。除菌効果も

[使い方]水500mlに、小さじ1ほどを溶かし、スプレーをつくって使います。

・鏡や蛇口、シンクの水垢汚れ、予防に　・トイレの除菌・臭い予防に

・お風呂のカビ予防に

・重曹で磨いたあと、クエン酸を加えると洗浄力が増すので、セットで使って

セスキ炭酸ソーダ

[特徴]アルカリ性洗剤・油汚れ処理

[使い方]水500mlに、小さじ1ほどを溶かし、スプレーを作って使います。

・コンロの油汚れに　・軽い汚れの洗濯に

・2～3か月で使い切る　・電子レンジ使用後の油汚れに

13 収納の余裕は、心のゆとり

point

- モノが傷み、カビの原因になるぎゅうぎゅうの収納になっていない？
- 7割収納なら、ひと目で何があるか分かり、探し物にも時間がかからない。
- 取り出しやすく、しまいやすい余裕の収納を目指そう！

突然ですが、質問します。
「朝のラッシュ時、ぎゅうぎゅうの電車はお好きですか？」

毎朝の通勤ラッシュの電車のぎゅうぎゅう具合と言ったら。押しつぶされそうになるし、ましてや夏の電車なんて、汗をかいて服が蒸れてしまうこともあります。汗と汗とのぶつかり合い…できれば避けたいものです。

やや大げさな例えでしたが、これは収納にも同じことが言えます。**ぎゅうぎゅうの収納にすると、服であれば押しつぶされて型は当然崩れます。**そして、空気が通りにくいと、湿気の多い日本では、蒸れてカビの原因にもなってしまうのです。**くずれてしまった型を元に戻したり、カビを取ったりするのは、簡単な作業ではありません。**こんなトラブルを起こさないためにも、できれば**7〜8割ほどの余裕のある収納をする**ことは、モノどうしにとって、とても良い環境になります。

このぎゅうぎゅう詰めにしない、余裕のある収納にすると、他にもいいことがあります。わたしたちが、モノを取り出すときに、取り出しやすく、しまいやすいということ。それに、ひと目でどこに何があるかが分かるので、モノを探すという一番無駄な時間をなくすことができます。また家族も、モノのありかを探しやすくなるでしょう。

他にも、こんな副次的な効果もあります。例えば買い物に行くとき。冷蔵庫に余裕があると、すぐにいまあるモノを確認できますから、ダブッて買ってしまうことが減ります。トイレットペーパーや、キッチンタオルなどの消耗品にも同じようなことが言えるでしょう。

つまり、余裕のある収納は、心の余裕になり、いいことだらけなのです。

ラクする check!

7割収納なら、取り出しやすく、しまいやすい。

ひと目で何があるか分かり、いいこと尽くし。

PART
4

毎日ラクする
モノ選び

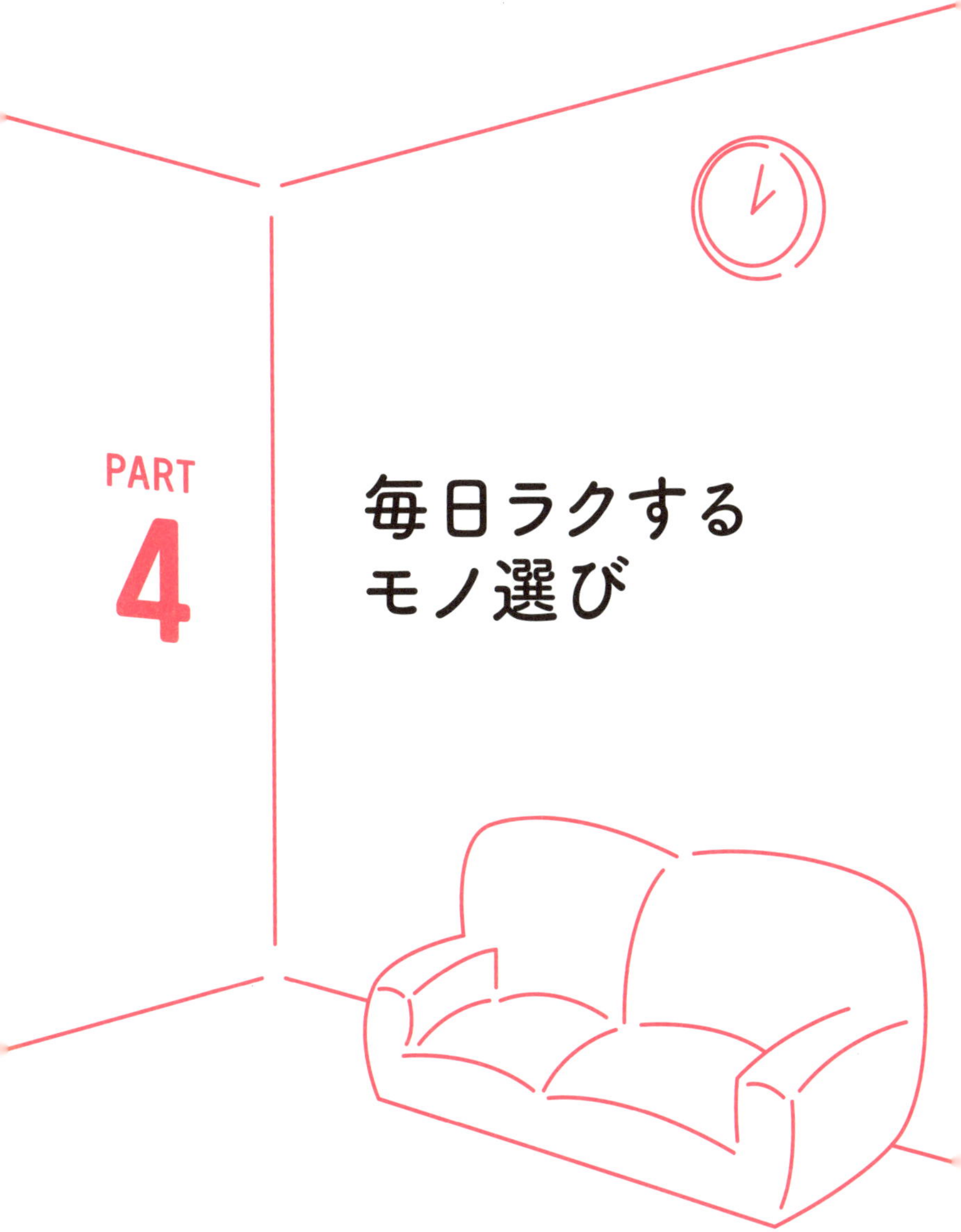

1 新しいモノを買うときは、何かを手放す

point

- モノが無意識に増えてしまわないように、**買うときのルール**を持とう。
- 「新しいモノを買うときは、何かを手放す」をルールにすると、モノは急には増えない。
- このルールで、あなたの手入れが行き届くモノの数の適量をキープしよう。

管理がラクに行き届くだけのモノに減らしていったわたしは、これまで際限なくモノを買い、増やしてきたことに気づきました。そのときは欲しかったモノだけれど、いざ暮らしの中に取り込んだときには、管理できるモノの量、手間がキャパオーバーだったのです。

気づけば埃をかぶったモノ、全然使っていないモノ、合わなくて大切にできなかったモノがあることで、もったいないことをしてしまったと罪悪感にさいなまれてしまうこともありました。

せっかくモノを管理できる適量にできたならば、できるだけキープしたいもの。適量をラクラクキープできるルールがあります。

・目的もなく買い物へ行くのをやめる。
・見栄でモノを買ってしまうのをやめる。
・同じようなモノをたくさん持つのをやめる。

「何かを買うときは、何かを手放すとき」だと決めてしまえば、お片づけをしたあとに無意識にモノが増えることはなくなります。それは、買いどきが決まってくるからだと思います。

いままでのように、「ちょっといいモノ」を見つけただけでは、それがどんなにリーズナブルでもやすやすとは手を出さなくなります。これを買うなら、いまある何を手放すのかも考えて、めどが立ってからようやく買います。

このひとつのルールで、お財布にも優しい暮らしになるのです。

ラクする check!

買うときのルールがないから、モノが増える。

こんな買い物は、いますぐやめよう。

point

2 お手入れしやすいモノを選ぶ

- 自分の暮らし、生活習慣に合うモノ選びの目を持とう。
- ズボラな人ほど、管理がラクなモノを選ぼう。
- 何かを買う前に、お手入れ方法も確認しておこう。

大学生のときに、野菜不足を心配した母が、わたしに青汁を送ってくれていました。青汁だけではとうてい飲めなくて、「ミキサー&ミル」を買って、バナナをジュースにして、混ぜて青汁バナナジュースにして飲んでいました。これはこれでけっこう美味しかったのですが、いつしかこの習慣とともに「ミキサー&ミル」も眠っていました。

手放すことにしたのは、ずいぶん昔の型だったので、カッター部分が外れず、とても洗いにくかったから。それがプチストレスとなり、**どんどん使わなくなるという負のスパイラル**に陥っていました。

買うときにちゃんと吟味して買えばよかったなとか、上手に洗う方法を調べるとか、いまになると、手放す他にも手はあったかなと思うのですが、そのときは試行錯誤できなかったのです。

そんな「ミキサー&ミル」も、たまに、「あったらいいな」と思うときがあるのです。例えば、バジルでジェノベーゼペーストをつくったり、粉だしを作ったりしたいなどと思うことがあります。

けれど、いまの暮らしでは、「ミキサー&ミル」の出番が多くないと分かっているので、わたしが管理のしやすい、小さなすり鉢とすりこぎが、そんなときのお供になっています。潰したり、砕いたりもお手のモノ。お手入れもラクラクなのです。場所も取らないので、いまのわたしの暮らしにも合っています。

わたしはこれまで、モノを買うときは、使い方ばかりを気にしていました。ですが、もしもわたしがいま「ミキサー&ミル」を買うなら、きっと**お手入れのしやすさを一番に考える**でしょう。使ったあとにどんなお手入れをすればよいのかをしっかり確かめるのです。そして、その次にどこに置くかを考えます。お手入れ方法と、置き場が希望にぴったりで、これなら使えそうと思えるモノをゆっくり厳選するとうまくいきます。

ラクする check!

あなたがお手入れができるモノか買うときに確かめておくと安心。

3 色を絞って落ち着いた部屋を手に入れる

point

- 落ち着かない部屋は、色が原因のひとつ。一番よく過ごす部屋には色はいくつある?
- 3色より多い部屋は、色を絞り、減らしてみよう。
- 自分の好きな色を知っておくと、無駄な買い物や失敗も減らせる。

部屋には、いろんな時期に買ったモノが集合しているので、よっぽどのピンク好き！とかでなければ、いろんな色が集まっています。**いろんな色で集まった部屋は、視覚的な情報が多いので、「落ち着かない…」となりがち**です。

ましてや、わが家のようにこれまで別々に暮らしていたふたりが一緒に暮らし始めると、違う好みが入ってきます。

じつは部屋のあのモノが、好きな色じゃなくて浮いていて気になる、ということありませんか？　よほどのセンスがない限り、いろんな色の個性をうまくまとめるのは至難の技だと思います。わたしは自信がないので、色を減らす、絞って選ぶことでお片づけはもっと進みました。

自分の好きな色はなんとなく分かっているつもりですが、心地よく暮らすには、はっきり分かっているとお得です。

「安いから」といって、間違ったモノを買ったりしなくなります。過去のわたしも完全に自分の好きな色を見失っていたことがありました。

自分の好きな色を確認する簡単な方法

一番簡単な方法は、いつも持ち歩くバッグの中を見ることです。

おそらく、お財布はかなりの確率で一番好きな色で選んでいると思います。以前確認したとき、わたしが持っていたモノの色というと、バッグと傘が赤、お財布は青、名刺入れは黄、三原色…！携帯カバーはモノクロでした。まさしく好きな色が大集合！一番好きな色は青で正解です。

みなさんのバッグの中の色、お財布の色はどうでしたか？ その色は家にありましたか？ この好きな色をもとに、部屋の色を減らしていきましょう。視覚的な情報が減ると、部屋は驚くほどグンと落ち着く空間になります。わが家で一番お気に入りの部屋はリビング。好きな色だけ使っています。ここでゆっくりする時間が持てると、何事にもやる気が満ちてくるのです。

ラクする check!

あなたが一番よく過ごす部屋には、何色ある？

3色より多いなら、色を減らして。

4 アイロンがけから解放されるモノを選ぶ

point

- 衣服、小物など、アイロン不要の素材のモノを持とう。
- 時間を置くほどしわの原因になる。洗濯が終わったあとは、すぐ干そう。
- アイロン不要になるように、干すときはちょっとだけ手間をかけよう。

わたしは家事のなかでもアイロンがけがいまも苦手です。ハンカチにかけるのは簡単ですが、シャツなどの大物になると、あまり上手にアイロンがけができないからだと思います。わたしと同じように、**家事の中でも、アイロンがけを苦手とする人は世の中に多いよう**です。

アイロンがけがラクラクできるアイテムを持つなどもひとつの手ですが、わたしは、いまあるモノで、十分にアイロン自体はまかなえ、すごく不満があるわけではなかったので、**アイロンをかける対象であるモノの数を、できるだけ減らし、アイロン不要な素材で選ぶようにしています。**

例えばハンカチ。以前は、数枚持っていたのですが、小さなハンドタオルに切り替えました。アイロンいらずで、しまうのもラクなのですが、ハンカチよりも断然吸水力が良く、切り替えて正解でした。

数枚だけハンカチを残してしばらく過ごしていたこともあったのですが、全く活躍する日がなくなってしまったので、全て手放すことにしました。いまはハンドタオル以外に、ガーゼハンカチなども出回っていますね。こちらもアイロン不要で手入れがしやすいと思います。

　また、一番アイロンがけが必要なアイテムに、白シャツがあります。洗濯したあとにしわが目立つので、しわをつくらない工夫をするようにしています。**洗濯のあとは、時間を置かずすぐに干す。また、干すときも、丁寧にしわを取るようにすること**で、アイロンがけをしなくても風合いを楽しめるくらいになります。服の中でも、白シャツが「一番手間のかかる可愛いヤツ」なのかもしれません。

　とは言っても、完璧にきれいに仕上げたいときもありますから、その日のためにアイロンはわが家には欠かせません。**取り組むときは、心にも時間にも少し余裕があるときにしています。**

ラクする check!

アイロンがけが苦手なら、素材ややり方を変えたり、負担を軽くする工夫をしてみよう。

5 スペースに見合うモノを持つ

point

- 部屋や、収納ボックス、棚など、モノが溢れているところはない？
- モノに収納を合わせるのではなく、スペースに見合うように、モノを適量にしよう。
- あなたの管理を増やす圧迫感のある空間から抜け出そう。

ひとり暮らしで食器棚を持つことのほうが珍しいのかもしれませんが、わたしはかつて食器棚を持っていました。

社会人になって2度目の引っ越しで住んだ家が広く、ちょうど食器棚が入るスペースがキッチンにあったので、ベッド、ソファーを買ったお店で食器棚も揃えました。でも3度目の引っ越しで部屋が同じ1Kでも狭くなりました。食器棚も持っていくことにしたら、食器棚はキッチンに置けず、ベッドやソファーのある部屋に置かざるをえなくなる。

部屋に食器棚を置くのは変だろうと、引っ越しのタイミングで手放すか、実家に送るかの二択になりました。母から欲しいと言われていたのですが、実家が遠いこともあり、食器棚の配送料の見積もりは、10万円以上。一方、買い取り業者からの見積もりは購入金額の1割にも満たない5000円でした。

結果、わたしは選択肢になかった、引っ越しで連れて行くことを選びました。奮発して買った食器棚だったこともあり、もったいないから使おうと思ったのです。

食器棚が部屋にあると、予想通り、高さのある家具があることの圧迫感がありました。

いつしか、もう一度手放すことを考えるようになりました。

手放すにあたっての問題は、「食器の量と配置」。増えてしまった調理器具や食器を、備えつけの収納スペースに置ける量にすること。また、わたしは背が低いので、取り出しやすい配置も考えなくてはなりません。

まずは可愛いからと飾っていただけの食器を手放し、使うモノだけにしました。そして、キッチン上の棚の、すぐ取れる下段に食器、上段には、あまり出番のない保存容器を置きました。調理器具はシンク下へ移動させました。

いまある収納スペースに入る量だけ持つと決めたことで、モノの量を調整し、収めることができました。

この食器棚があったことで、いつしか食器棚に入れなくてもいいモノまでも収納していたことに気づきました。**食器棚に限らず、モノには、本来あるべき使い方、場所があります。いまあるスペースに見合うモノを持つと決めると、持ちすぎていることに気づく**はずです。

ラクする check!

モノが溢れているのは、それは持ちすぎのサイン。圧迫感のない収納を目指そう。

6 モノを買わない暮らしをしてみる

point

- 週に何回、あなたは買い物に出かけていますか？
- 「生活必需品、食品以外のモノを買わない」期間を決めてみよう。
- 買い物の時間、移動時間も無駄にしている。目的のない買い物はもうやめよう。

わたしは以前、暇があると買い物に出かけたり、何かのついでにふらっとお店に立ち寄ったりして予定外にモノを増やす買い物魔でした。けれど、**少しずつモノを減らしていくうちに、買いたいモノがあるときだけ買い物へ行くように変わっていきました。**

以前は、ふらふらと目的もなく買い物に出かけると、気づけば半日が過ぎていた…ということもありました。けれど、目的がある買い物になると、予定のモノを買い終わればすぐに帰るようになりました。

そして、さらに意識的に取り組んだことがあります。**「今シーズンは、服をなるべく買わない」という暮らしにチャレンジしていました。**季節の変わり目になると、買い物に行くのはわたしの習慣ではあったのですが、このチャレンジで、セールにも行くことはなくなりました。

そうすると、**買い物にかけていた時間は当然減り、不思議なことですが、持っているモノで、自分に合わない不要なモノが目につくようになったのです。**たくさん減らしたあとだったので、まだ見つかるのか…というのが驚きでした。

そして、**自分の持っているモノの中で、ずっと大切にしたいと思える「定番」が分かるようになってきました。**定番が分かると、昔は止まらないくらいあった「服を買いたい気持ち」が起こらなくなって、**気持ちの余裕**が生まれたのです。

「生活必需品や、食品以外のモノを買わない」と一度決めてしまいましょう。

そして、目的のない買い物には行かない。そうすることで、買い物にかけていた時間は有効活用できますし、自分がこれから大切にしたいモノも自然と分かるようになるのは、とっても楽しいものです。

ラクする check!

しばらく買わないモノを決めてしまいましょう。
自然と家にある不要なモノが見えてきます。

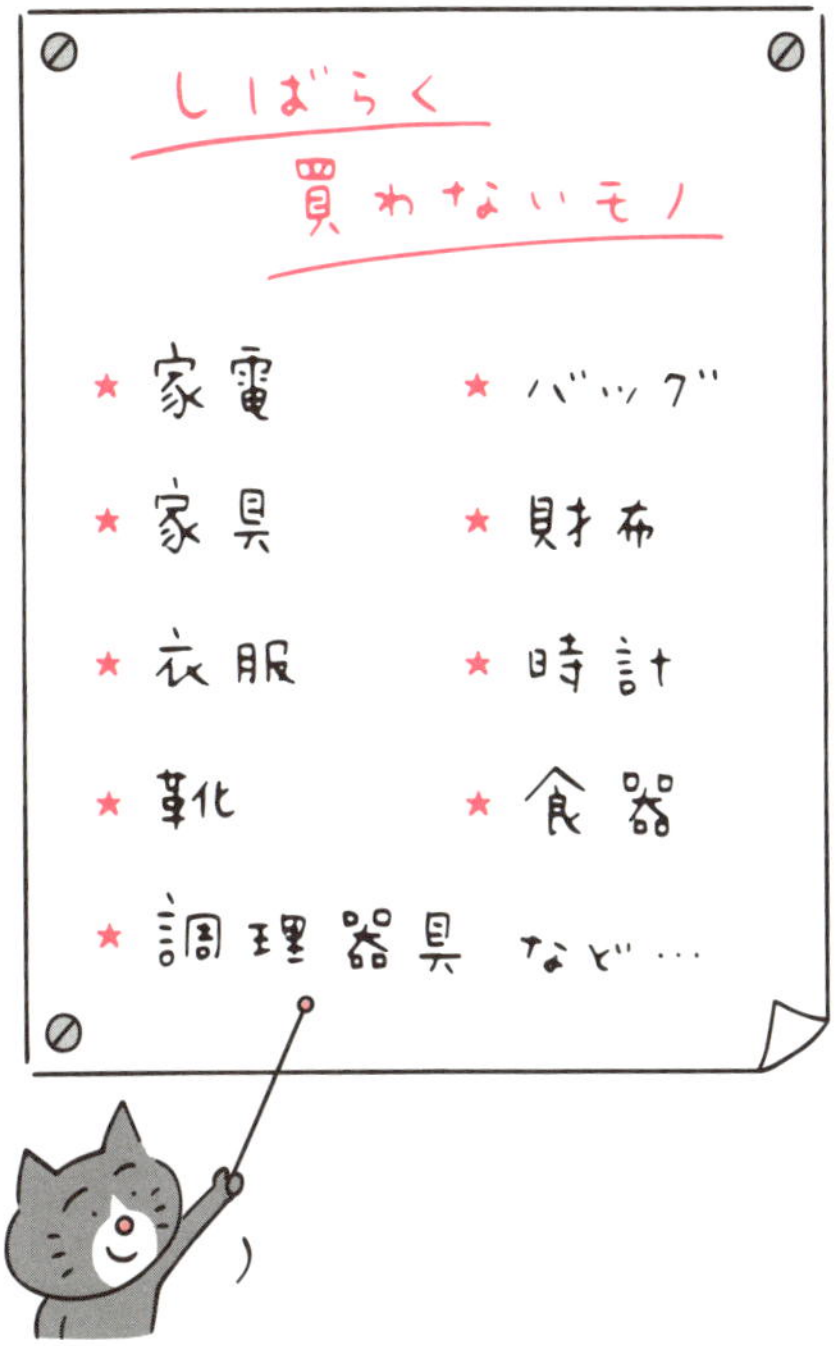

PART
5

家に帰るとほっとする空間の作り方

お片づけに本格的に目覚めるまでも、わたしの部屋は、どちらかと言うときれいに片づいていました。けれど、見た目を整えるだけで、そこでの暮らしは全くと言っていいほど整ってはいませんでした。掃除も、料理も、お片づけも中途半端で、「仕事が忙しいから、家ではいいよね」と自分をとことん甘やかしていたのです。見た目だけを整える片づけをやめて、暮らしの土台づくり、仕組みから変えるお片づけをしていくと、自然と滞っていた掃除や、料理などにも少しずつ手が行き届くようになりました。

暮らしの土台ができていると、料理、掃除、家事が整いだすということ。

家事に費やす時間は前よりも増えたけれど、不思議と毎日の忙しさからは解放されていることに気づきました。つまり**ある程度のルール＝仕組み**がないと、人というのはついつい自分に甘くなり、その日暮らしになってしまうものなのだと身を以て感じました。

けれど、かと言って毎日ストイックに暮らしたいわけではありません。生きることは暮らすことですから、死ぬまで暮らすことを考えると、自分のできる範囲で、無理なく続けられることがよいと思います。

共働きのわが家が目指す「家に帰るとほっとする暮らし」は、

- **掃除、お片づけ、お手入れがラクにできること。**
- **きれいがキープしやすいこと。**

これにつきます。

さっそくわが家の様子とともに、「家に帰るとほっとする空間の作り方」をご紹介しましょう。

1

玄関・靴箱

point

○玄関は家の出入口であり、家の顔。気分を下げるモノは置かない。

・玄関に靴を出しっぱなしなら、持ちすぎのサイン。

・夏用、冬用、雨用など専用靴を減らしたお手入れしたくなる！

玄関は、その家の出入り口であり、家の顔。**玄関が整っていると、帰ってきたときにとてもほっとします。まずどこよりも先に一番にここを整えると、他の部屋も「ほっとする空間にしよう」とモチベーションになります。**

かつてわが家の玄関には、まる見えの状態で棚がつくり付けられており、その棚を靴箱として使っていました。本来必要な靴でさえも、まる見えであることで、たくさん持っていたことや、いろんな靴の色で空間全体が圧迫されているように見えていました。

そのため、帰宅して玄関に入ると、なんだかソワソワ。いつまで経っても片づかない気持ちになっていたのは、いま思えば玄関のせいだったと思います。わたしの靴は、15足以上、同じデザインの靴を、色違いで持っていたこともありましたが、いまは、ランニング用、登山用を除いて普段靴は3足になりました。専用靴をなるべく持たないことを考えると、冷え性のわたしには、夏用の靴は不要だと気づいたので一気に減らすことができたのです。

夫の靴も厳選してもらったことで、チグハグな玄関が落ち着く空間になりました。**持っている靴を減らすと、「いま持っている靴」に対して、お手入れも行き**

届くようになります。夫は、定期的に自分の靴をまる洗いするようになりました。わたしは、掃除のついでに、土埃をこまめに取るようになりました。

まる見えの靴箱だったことで、よりチグハグ感が際立っていたのだと思いますが、扉で閉ざされた靴箱に収まっていると、不要なモノを見えなくさせていることもあると思います。一度扉を全開にして客観的に見ることで、すでに役目を終えているモノに気づくはずです。

また玄関は、家と外をつなぐ場所ですから、靴についた土埃が家に入って床に溜まります。靴底についたまま靴をしまうと、汚れを靴箱に落としてしまうことにもなります。

- **帰ってきたら、靴底の汚れをはらう。**
- **床は掃除しやすいようにできるだけ何も置かない。**

ちょっとしたことですが、汚れることを前提に仕組み化しておくと、掃除やお片づけがぐっとラクになります。

ラクする check!

靴箱も7割収納なら、自然と靴の状態が目につき、お手入れのタイミングも分かる。

スキップフロアの家では、靴箱がまる見えの収納棚でした。靴の量もひと目で分かり、使っていない靴にもよく気づきます。

2 廊下・階段

point

- 廊下や階段は、歩くための通路だから、歩行を妨げるモノを置かない、飾らない。
- どうしてもモノを置く場合は、動かしやすくしておこう。
- 何も置かない通路で、掃除のモチベーションをキープしよう！

玄関と同じように、**廊下や階段も、できるだけ床には何も置かない状態を保つことが大切**だと思っています。なぜなら、廊下や玄関は、本来は歩くための場所だからです。**その妨げになるようなモノが床にあると、歩きにくいだけでなく、床の上のモノをその都度動かしたりする手間がかかるので、掃除の時間も余計にかかってしまいます。**ちょっと面倒と思うことがあると、いつしか、その場所の掃除のモチベーションをも下げていることがあります。

わが家でもこんなことがありました。スキップフロアに暮らしていたときは、フロアだけ数えると5フロア（普通の家で言うと3階くらいの高さ）もあり、階段がたくさんありました。階段すべてをモップで掃除していたのですが、上から下まで行くのも一仕事。2階の廊下の奥には、玄関と同じようなつくり付けの棚があり、その床に面したスペースさえも収納スペースとして活用していました。床に収納ボックスを置いていたのです。けれど、掃除のしやすさもあきらめたくなかったので、その工夫として、収納ボックスの下にキャスターを仕込んでしばらく暮らしていました。

キャスターを仕込んだことで、収納ボックスは簡単に動かせるのですが、部屋全体の掃除をしていると、どうしてもこの廊下で動きが鈍ってしまうのです。腰をかがめる作業が、体にちょっと負担だったせいかもしれません。ちょっと面倒だなという気持ちが日に日に募り、そのまま掃除まで嫌いになってしまいそうでした。

モチベーションダウンの元凶が、その収納ボックスだと分かっていたので、あるとき時間を見つけて、わたしは**収納ボックスの中身を全部出す**ことにしました。同時に棚の上に収納されていたモノも一緒に出して、他のところへ移動させたり、**持ちすぎていたモノがないか見直し**たりすることにしました。

毎日暮らしていると、いつしかそこにあることが当たり前になってしまうことがあります。けれど、**ちょっと置き場を変えたり、持ち方を変えたりするだけで、掃除やお片づけがぐっとラクになることがあるのです。**

「ちょっと面倒」と感じることがあっても、それは、見直すチャンスだと思うようにしています。

ラクする check!

床に置くモノをできるだけ減らすと、掃除のしやすさが格段に上がる！

廊下の奥にある収納棚。この棚の床には、以前は、収納ボックスや、飲料が入ったダンボールなどを置いていたことも。

3 キッチン

point

- キッチンのモノの置き場は、片づけやすさで決めるとうまくいく。
- 用途のダブッたモノや贈答品も、いますぐ使いたいスタメンだけを残そう。
- 下準備、調理、後片づけなど動線別の収納をしよう。

キッチンは、油汚れ、水汚れなど、いろんな汚れが溜まりやすい場所です。だからこそ、**取り出しやすさより、お片づけや掃除のしやすさを重視すれば、きれいがキープしやすい**のです。気楽にきれいがキープできるように、わが家ではこんなことを心がけています。

キッチンの上は、「何もない」状態にする

いまでも時々思うことがありますが、わたしは料理をとても面倒に感じることがあります。それは、料理そのものが面倒なのではなく、料理をしたあとにやらなければいけないお片づけが先に頭に浮かんでしまい、料理まで嫌に感じていたからです。

料理のモチベーションは、そのあとのお片づけに左右される。

そのことに気づいてから、料理のモチベーションをまずは上げるために、コンロのそばに吊るしていたフライパンや調理器具を下にしまうことにしました。

コンロやシンクには備え付けのモノ以外置かない、すっきりした状態にしてお

くほうが、調理をしたくなるし、何より掃除がしやすいのです。片づけやすいことで、「洗い物をほったらかして外出する」なんてこともなくなりました。家に帰るとキッチンの上に何もないのを見て、ほっとした気分に浸れるのです。

本当に使うモノだけに減らす

わが家は、わたしと夫のそれぞれの持ちモノで食器や調理器具が一時的に増えてしまったことがありました。お玉2つ、缶切り2つなど、用途がダブッているモノが本当にたくさんありました。お手入れのしやすさも見て、どちらかお気に入りをできるだけひとつ残すようにしました。使う頻度が明らかに少ないモノは、この際、「持たない」ことも選んでみました。

また、贈答品として頂いたモノもキッチンに多いと思います。贈答品は、頂いた時点で気持ちの受け取りはできているはず。「お店に置いていたらもう一度手に取りたいと思うか」と問いかけて、使いたいモノだけを残すようにします。本当に使うモノというのは、簡単に見分けがつかないことがあります。日々の暮らしで実際に使って試しながら、焦らずゆっくり選別していきます。

年に数回しか活躍しないキッチン家電は持たない

わが家のキッチン家電には、いまはレンジ、トースター、エスプレッソマシン、卓上コンロ、泡立て器があります。

何かの作業をするためにつくられたいわゆる便利な専用アイテムが多いのがキッチン家電。料理は、家事の中でも、たくさんの作業があります。献立を考える、材料を揃える、材料を切る、調理をする、後片づけをする。ひとつの家事に、5つも大きな作業が発生するのですから、わたしも苦手と思ってしまっているのだろうと思います。ですから、家電が使いやすいことはマスト条件ですし、そんなわたしみたいな人のために、メーカー側もこぞって、もっと家事をラクにできる商品を考えてくれるわけです。ミキサーやミル、ホームベーカリーや専用カッター、ブレンダーなど、料理をラクに、楽しくしてくれるアイテムは山ほどあります。

どれも優秀なアイテムですが、それを日々どれだけ使うのかを改めて見直してみるようにしています。多く持つことで便利になる一面もありますが、それは同時にお手入れも必要になるので、管理できないことがストレスになる可能性だってあるのですから。

スペース別に使う動線でモノを収納する

「使ったらすぐしまえる。使うときにすぐ出せる」。そのための動線を考えています。

コンロ側には、調理器具、一部の乾燥食材、調味料など、調理の際に使うモノを出しやすいようにまとめて収納しています。3段あるのですが、一番上が、菜箸、しゃもじ、お玉などの調理道具と、乾燥食材や調味料など。中央が、フライパン、ボウル。一番下が、土鍋、両手鍋、片手鍋、炊飯器です。わが家では炊飯器も使ったら元に戻すようにしています。

シンクの右側には、食器、保存容器、カトラリーを置いています。一番上が、コップ、カトラリー。中央がお椀、小鉢など小さい器。一番下に保存容器、大皿を置いています。

一見ルールもなく置かれているように感じられるかもしれませんが、上段には、取り出す頻度が高いモノを置くようにしています。そうすることで、出し入れの作業をラクにしているのです。

「出したらしまう、汚れたらすぐ拭く」を習慣にする

洗剤も、まな板も、洗った食器たちも、用事が終わったらしまう、汚れたところはすぐ拭く、を習慣にしています。しばらく放置してしまった汚れは取りにくいですが、すぐ拭くと驚くほどするっと取れます。

常にきれいをキープさせる代わりに、料理をするときは、「食材や調理器具は必要なモノを全部出して全開！」にしています。そうすることで、作業が中断されないからです。

ラクする check!

「キッチンの上には何もない」を基本にしよう。

キッチン全体。何も置かないからこそ、掃除もしやすく、モノを出しやすいのです。

冷蔵庫や食材・飲み物のストック、家電などがあります。冷蔵庫はひとり暮らし用のサイズをいまも使っています。

シンク右側は食材を切ったり和えたりなどの準備に使います。すぐに盛り付けができるように、お皿やカトラリーはこの作業台の下にまとめています。

調理に使う調味料、キッチンツール、調理器具は、コンロ下にひとまとめにしています。

4 リビング

point

- ホテルのロビーのような、家族の誰もが心地よい空間を目指そう。
- リビングに、私物が多すぎない？　どれだけあるか探してみよう。
- 私物は、「持ち込み方式」にすればいつも片づいた状態をキープできる！

わが家のリビングには、かつてテレビ台と、ソファー、小さなカフェテーブルがありました。当時はダイニングがなかったこともあり、リビングは、ご飯を食べる場所でもあり、本を読んだり、テレビを見たりする寛ぐ場所でもありました。テレビ台にある小さな引き出しには、夫が使うゲーム機やゲームソフトが入っており、ソファーには、ひざ掛けとクッションを置いています。カフェテーブルの下には、モノを置ける棚があるのですが、リモコンのみを置いています。リビングは、このように家の中でも、モノが少ない場所になっています。

寝室の次に長居する場所であり、いろんな用途に使う場所ですから、できるだけ心地よくなるように、モノを最小限にしています。ご飯を食べたあとは、クッションやひざ掛けが散らかるのですが、モノが最小限であれば、手間なくさっとすぐ元に戻せるのです。**モノが少ないということは、片づけるモノが少ないということです。**

けれど、この場所も時にモノが溢れることがあります。それはわたしが、たくさん図書館で本を借りて一時的に置かせてもらうとき。そして、夫やわたしが仕事を持ち帰ったときは、ＰＣを置いてリビングが仕事場に早変わりすることがあります。

いつもはないモノが置かれていると、一見置きっぱなしに感じてしまうのは、置き場が定まっていないからでしょう。

一時的なモノでも使うときは基本的にここに置くと決めておく。また期間限定で「持ち込み形式」にすることで、モノが放ったらかし状態で落ち着かない空間になってしまうのを防ぎます。

もちろん、時に明らかにモノが放置されていることもあるのですが、それはこの場所ではすぐに目立ってしまうので、さっとあるべき場所へ戻すようにしています。**見つけたらさっと戻すことができるのは、もともとモノが少ない空間であることに他なりません。**

ラクする check!

いつでも片づいた状態にできるのは、モノが少ないからこそ。

リビングには、テレビ台、カフェテーブル、ソファーだけ。
それにクッション、ひざ掛けなどを置いていました。何か出ていたらすぐ見つかってしまうので、ラクに片づいた状態をキープできます。

5 洗面所

point

- 埃や髪の毛、土埃など汚れが目立つ場所。毎日どれくらい掃除している？
- お風呂、歯磨き、支度の前後など、**1分程度の「ながら掃除」**をしてみよう。
- 蛇口を磨く、鏡を拭くなど、気づいたときにきれいにする**「きれい貯金」**作戦決行！

わたしは、家の中でも一番汚れが目立つ場所が洗面所だと感じています。

・お風呂を出たあと、手洗いうがい、歯磨きのあとの水汚れ。
・髪を乾かしたあとの髪の毛。
・脱衣のときに落ちた埃。

「狭いスペースだからこそ気になる」「蛇口や鏡など、汚れるとすぐ目に入る」「汚れにつながる動作が多い」からと原因は多様です。

キッチンと同じくらいきれいをキープしにくい場所だと感じているので、洗面所も気づいたときに「ながら掃除」をすることにしています。

- **髪を乾かしながら、落ちた髪の毛を拾う。**
- **歯磨きをしながら、体を拭いたタオルで蛇口を磨く。**
- **お風呂掃除のあとに、ついでに洗面台も磨く。**

「ながら掃除」は毎日の仕事。掃除をしやすくするために、キッチンと同じく、外に出すモノを最小限にしています。

手洗い用の液体石鹸さえ、洗面台の戸棚の中。使うときに開けるようにしています。

また、毎日の仕事を少しでもラクにできるように、出した髪の毛や埃をすぐ捨てられるように、洗面台の下に小さなゴミ箱を置いていました。

わが家のゴミ箱は、キッチンのシンク下と、洗面台のみです。

ゴミ箱をひとつにすることも模索しましたが、汚れをすぐに捨てられる良さを考えると、単純にゴミ箱の数を減らすだけではないメリットを感じていたので、この暮らしを選んだのです。

いまはこうして「ながら掃除」が身に付き、気づいたときに掃除をするようになったわたしですが、実家ではそんなことはありませんでした。

長い髪だった頃、わたしが洗面台を使ったあとに母が行き、「あなたの髪の毛が洗面台にいっぱいだった！」と叱られたことがあります。

それまでは気がつくことがあっても、きっと何も言わずにきれいにしてくれていたのだと思うのですが、この日は恐らく言いたくなるほどひどい有様だったのでしょう。

よく口喧嘩することはあっても、そんなことで叱られたことがなかったので、わたしはショックを受けました。

けれど、母に言われるまで、使ったあとに自分がそんなに汚れを出していたと気づいていなかったのです。


使ったら汚れる。当たり前のことなのですが、掃除を頻繁にするようになってより感じるようになりました。


いままでは母があのとき叱ってくれて良かったと思っています。

慌ただしい時間に汚れを見つけるとなかなか手が付けられないこともありますが、仕事を終えて**寝る前までの時間に少しでも汚れを溜めない工夫をするという、**

「きれい貯金」をするようにしているのです。

ラクする check!

1分程度の「ながら掃除」でラクにきれいをキープできる。

この右側がお風呂、左側はトイレと、他のスペースの動線にもなり汚れが溜まりやすい洗面所。蛇口を拭いたり、鏡を拭いたり、床のゴミを取ったり、「ながら掃除」が習慣。

6 バス・トイレ

point

- 清潔に保つのが難しく、掃除も体力仕事。置くモノは最小限のモノだけにしよう。
- マットやカバーなど、あるだけで手間のかかるモノは極力減らして。
- たまにしか使わないアイテムは、使うときに持ってくるシステムにしよう。

お風呂場はわたしにとっては、疲れた体をリラックスさせてくれる大切な場所です。でも一方で、水回りがカビやすく、清潔に保つのがなかなか難しい場所であると考えています。

だからこそ、**お風呂場に置くモノは必要最小限**であること。例えばお風呂屋さんに行くときのように、お風呂セットを毎回持ち込み、その都度しまうなんて理想的ではありますが、日々のことになると、面倒なことこの上ありません。ですから、置くモノを最小限に絞っています。**たまに剃刀などもお風呂場で使うときがありますが、使うときだけ持って入ることにします。**

そして、体を拭くタオルは、毎日洗濯をしているので、乾きやすいことを第一条件にしています。わたしは、バスタオルは乾きにくいから、お風呂あがりのタオルは、吸水性の高いホットマンの一秒タオルというハンドタオルを使っています。ネーミングから吸水力が高いであろうことは分かりますが、このタオルは、しばらくお風呂あがりはバスタオルで過ごしていた夫が、これならば「バスタオルを卒業してもいい」と認めてくれたタオル。小さくても仕事っぷりは素晴らしいのです。

そしてトイレは、日々の体調を確認する場だと思っています。こちらもできるだけ清潔に保っていたい。毎日お掃除するのが理想ではありますが、トイレも、基本的には週1の掃除と、汚れが気になったときの「ながら掃除」をするようにしています。

バス、トイレ、どちらの場所でも、余計なお手入れが必要なモノは持たないようにしています。具体的に言うと、バスマット、トイレマット、トイレットペーパーホルダーカバーなどは、わが家には置いていません。唯一登場するのは、便座カバー。便座自体に温かくする機能はあるのですが、平日は家を空けている時間が長く、経済的ではないため使っていません。この便座カバーは、寒い季節をしのぐために冬だけ登場しています。

また、トイレに芳香剤を置いている方も多いと思いますが、わたしは持っていません。トイレにそんなに長居することはありませんから。ただ、エチケットとして消臭剤は、そっと棚の奥に忍ばせています。

ラクする check!

バス・トイレに手間のかかるモノは置かないと決めよう。

トイレには、マットを置いたり、カバー類を付けたりしない。左上の戸棚に、トイレットペーパーやお掃除アイテム、消臭剤を忍ばせています。殺風景になりすぎないように、黄色のキャンドルで色を足しています。

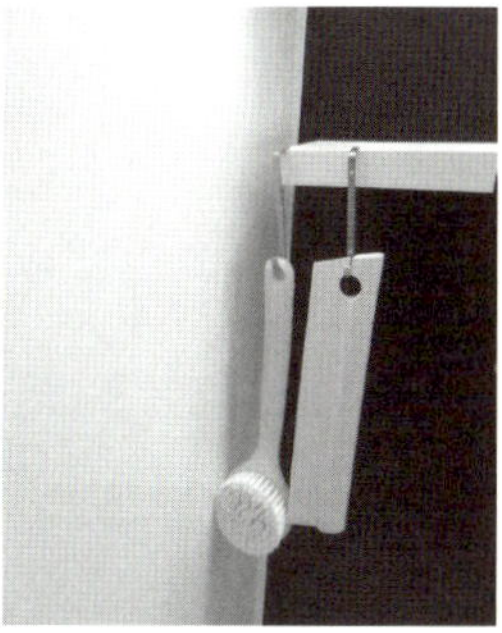

お風呂場に置くのは、シャンプーとコンディショナー、ボディーソープと、ボディーブラシ、水切りだけ。お風呂から出る前に水きりをするのがわが家のルール。

7 寝室

point

- 毎日の元気の元となる
睡眠をしっかり取れるように快適にしよう。

- 快適な睡眠は、清潔感で成り立っている。
最低でも週に1回寝具をきれいにしよう。

- 少しだけのベッドメイキングで
「ほっとする寝室」は簡単につくれる。

人生の大半を、わたしたちは寝床で過ごします。そこにある布団や寝具は、これからの人生において、じっくり選ぶべきモノのひとつであることは間違いないはずです。毎日仕事や家事を頑張ったわたしが、ゆっくり、ぐっすり良質の睡眠を取るために、大切にしていることがあります。

それは、毎日丁寧に寝床を整える（ベッドメイキングする）ことです。

以前のわたしの部屋では、ベランダの掃き出し窓の前にベッドが置かれ、洗濯物が干しにくい状態でした。そんなことを言い訳に、布団や寝具を干すことが月1度もあったかどうか…。振り返ってみると、乾燥肌で弱いはずのわたしの肌が、ダニにやられていたであろうことは容易に想像できます。いま思えば、喉を傷めたり、ひどい鼻炎になったりしていたのは、寝床が清潔でなかったからだと分かっています。**忙しいときに、不意に体調を崩してしまうと、仕事はおろか家事も滞ってしまいます。できるだけ毎日健やかに過ごしたいものです。**

いまは布団、寝具を洗濯したり、干したりする「週末リセットタイム」と、毎日の寝床をきれいに整えることを心がけています。また、洗いやすい枕や素材を選ぶようになりました。

週末に干した太陽の香りのするお布団。この香りに包まれて寝られることが、エステやネイルなどに行くよりも、どれだけ幸せで、疲れを癒してくれるか。この上もないほどの贅沢で、何よりほっとするのです。週末リセットの魅力に気がつくと、雨続きで布団を干せないときは、気分もやはりどんよりしてしまいます。それほど週末リセットの力は偉大で、わたしは虜になっています。

恥ずかしながら、口を開けて寝てしまうときがあるので、冬は朝少しだけ喉を傷めてしまうことがあるのですが、鼻水が止まらないなどの鼻炎はなくなりました。週末リセットのおかげで、健康的に暮らせるようにもなったのです。

ラクする check!

毎日のベッドメイキングと週末リセットで、どこよりも快適な空間にしよう。

寝室には基本的には、ベッドのみ。快適な睡眠が取れるように整え、太陽の香りに包まれて眠れる日は至福の時間。

8 クローゼット・収納スペース

point

- 取り出しやすく、しまいやすい7割収納にする。
- ストックは最小限にして、スタメン主義にする。
- 季節の変わり目に「全部出しデー」をつくろう。

まだ服の適量が定まっていない頃、とにかく見た目だけきれいにしたい衝動に駆られて、溢れたモノをしまうため、収納用品を増やしてしまったことがあります。確かに一時的にはきれいに収まりますが、人というのは空間があると、どうしてもその空間を埋めたくなるもの…というのは前述のとおり。

クローゼットや収納スペースに収めることのデメリット

・持ちすぎに気づかない。
・使いにくい場所にあっても、収まっていることで気づきにくい。
・その場で変わってしまっていても気づきにくい。

そんな状態を**ブラックボックス化**と言うことにします。

いまそこにあるのが正しいのか、収めてしまうことで、ちょっとした違和感にも気づかなくなるモノです。

そうならないためにするには、**時間があるときに、家じゅうの収納スペースにあるモノを全部出す**ことです。

・なぜこれを持っているのだろう？
・これはもう着ないかな？
・同じようなモノがあったな。
・こんなに量がいるかな？
・量を減らせば、こっちに入れられて、ここが空きそう。
・あそこに置くのが正解だな。
全部出すことで気づきます。

収納することは、いろんなことを気づきにくくさせます。**「徹底的に減らしきった！　これが適量」と心から言えるまでは、収納用品は買わない**、これに尽きます。新たに収納スペースを増やさなければ、際限なくモノが増え、その分手入れが行き届かなくなることもありません。この**定期的な見直しと、7割収納**にしておくことで、取り出しやすく、しまいやすい空間が出来上がります。**忙しいと嘆いているならば、何かを探す時間は、一番人生でもったいない時間**です。そんな時間を生んでしまうモノが溢れた空間から解放されましょう。

ラクする check!

7割収納で、毎日の着る服にも もう悩まなくなる!

以前は床いっぱいに収納ケースが並び、たくさん服を持っていましたが、7割程度の収納になりました。わたしが減らすのに影響を受けて、夫のモノも減っていきました。

9 お気に入りの空間を持つ

わが家にはお気に入りの空間があります。スキップフロアの家のロフト。リビングの隣にある最上階のスペースです。本棚を置いたり、PCを置いたりしていたこのスペース、じつは、あまり使うことがなく、リビングから眺めるだけのスペースになっていました。

でも、**この何もない空間を見ると、不思議と他の部屋も同じようにきれいにしようと思えてきます。**このスペースを眺めて、お片づけ意欲を燃やしているのです。忙しいとき、少し何か行き届かないことがあっても、このスペースを見るだけで、「大丈夫」と思えるのです。一見一番無駄なように見えるロフト。けれど、**きれいをどこよりもキープしているこの空間がひとつあることが、わたしの心のゆとりになっています。**

どこでもいいので、あなたにとって、そんな空間をひとつでも持っておきましょう。そして、疲れたとき、お片づけの意欲がダウンしたとき、その空間をゆっくりただ眺めてみる。きっと頑張るあなたを応援してくれます。

ラクする check!

お気に入りの空間があるだけで、心のゆとりが生まれる。

たくさんアートを飾って、おうち美術館にするのがわたしの理想。眺めるだけで、毎日に元気をくれるのです。

おわりに

モノがいまより多く、暮らしの仕組みが整っていなかった頃は、家事が嫌いではなくても「なんで、わたしばかり料理やお片づけ、掃除をしているのだろう」とふと思うことがありました。

「できるほうが家事をすればいい」という夫の言葉にも、平日に時間的な余裕があったのはわたしだったので、そのときは違和感を覚えました。

結局、最初のうちは家事をするのはわたしばかりだったこともあり、ちょっとしたイライラで夫に八つ当たりし、嫌な思いをさせることもしばしば。

その頃は、頑張りすぎていたのかもしれません。

どれくらい自分ができるのかを試してみたかった気持ちもあったと思います。

ですから、無理をして負担に感じていたのだと思います。

家事は、生涯付きまとうもの。ずっとやらなければいけないなら、できるだけ「自分に合うやり方で」「気楽にできて」「続けられる」ほうがいいに決まっています。

わたしは、仕事の前後での家事ですから、省いてもよいことは省き、最小限にすることにしました。

家事は、頑張りすぎると続かない。
頑張りすぎないことで続けられる。

これがいま、わたしの教訓であり、**そのための暮らしの土台をつくってくれるのがお片づけ**だと思います。

土台が整うと、毎日をしっかり支えてくれるようになり、家に帰って「あれをやらなければいけない！」と日々焦る気持ちもなくなりました。夫との些細な喧嘩も減りました。

なにより、お片づけで暮らしが整ったことで、夫もできるときに率先して取り組んでくれるようになり、わが家での家事は、まさしく夫の言ったように「できるほうが家事をする」ようになったのです。

最初は、どこかそんな生活をあきらめていたのですが、いま思えば、そんな暮らしができる土台と、心の余裕がなかったのだと思います。

わたしが社会人になってから、ずっと大切にしている言葉があります。

自分以外の人やモノ、社会を変えるのは大変。けれど自分を変えるのは簡単。

いまの忙しい状況を変えるのは決して難しくはないのです。

お片づけで自分を変えれば、ほっとする毎日は必ずやってきます。

クタクタな日々を送っている皆様に、少しずつ暮らしの土台が整い、心も安らぐ日々が訪れますように。

最後に、この本を手に取って下さった方、いつもブログを読んで下さっている方、また編集者の本田さん、いつも応援してくれる夫に心から感謝を込めて。

クラタマキコ

※本書の多くは、２０１６年３月に書き上げたものです。
ＰＡＲＴ５の写真や暮らしぶりは当時の様子になります。
現在スキップフロアの家を引越し、新しい家で
いまも暮らしづくりを楽しんでいます。

定価（本体 1200 円＋税） ISBN978-4-87723-190-3C0030

ラクして心地よく暮らす片づけ
心と時間にゆとりができる50の方法

著者　　クラタマキコ

2016年7月5日　初版第一刷発行

発行者　笹田大治
発行所　株式会社興陽館
東京都文京区西片1-17-8 KSビル
〒113-0024
TEL：03-5840-7820
FAX：03-5840-7954
URL：http://www.koyokan.co.jp
振替　00100-2-82041

装丁　mashroom design
カバー・本文イラスト　村山尚子
校正　新名哲明
編集人　本田道生

印刷　KOYOKAN INC.
DTP　有限会社ザイン
製本　ナショナル製本協同組合

ISBN978-4-87723-202-3 C0030